Navegar em Português

1

Livro do Aluno

Edição Revista

Autores

Direcção-Geral de Inovação e de Desenvolvimento Curricular
North Westminster School of London

Lidel – edições técnicas, lda

LISBOA - PORTO - COIMBRA
e-mail: lidel@lidel.pt
http://www.lidel.pt (Lidel On-line)
(*site* seguro certificado pela Thawte)

COMPONENTES DO MÉTODO

NÍVEL 1
Livro do Aluno
Caderno de Exercícios
Livro do Professor
CD-Áudio

NÍVEL 2
Livro do Aluno
Caderno de Exercícios
Livro do Professor
CD-Áudio

EDIÇÃO E DISTRIBUIÇÃO

Lidel – edições técnicas, lda

ESCRITÓRIOS: Rua D. Estefânia, 183 r/c Dto. – 1049-057 Lisboa – Telefs: Ens. Línguas/Exportação: 21 351 14 42 – depinternational@lidel.pt;
Marketing: 21 351 14 45 – marketing@lidel.pt; Formação: 21 351 14 45 – formacao@lidel.pt; Revenda: 21 351 14 43 – revenda@lidel.pt;
Linha de Autores: 21 351 14 49 – edicoesple@lidel.pt; Dep. Vendas/Internet: 21 351 14 45/8 – depvendas@lidel.pt;
Tesouraria: 21 351 14 47 – tesouraria@lidel.pt; Periódicos: 21 351 14 41 – periodicos@lidel.pt
Fax: 21 352 26 84 - 21 357 78 27

LIVRARIAS: LISBOA: Av. Praia da Vitória, 14 – 1000-247 Lisboa – Telef. 21 354 14 18 – Fax 21 317 32 59 – livrarialx@lidel.pt
PORTO: Rua Damião de Góis, 452 – 4050-224 Porto – Telef. 22 557 35 10 – Fax 22 550 11 19 – delporto@lidel.pt
COIMBRA: Av. Emídio Navarro, 11-2º – 3000-150 Coimbra – Telef. 239 82 24 86 – Fax 239 82 72 21 – delcoimbra@lidel.pt

Copyright © Junho 2001
Edição Revista Setembro 2005
LIDEL — Edições Técnicas, Lda.

Capa e Paginação: Imagem Final

Pré-impressão: Milarte Atelier Gráfico, Lda.

Impressão e acabamento: Tipografia Peres, S.A.

Depósito legal n.º 231356/05

ISBN 972-757-166-2

NAVEGAR EM
PORTUGUÊS

'Navegar em Português' é um projecto conjunto da North Westminster School, em Londres, e da Direcção-Geral de Inovação e de Desenvolvimento Curricular, em Lisboa, financiado pela União Europeia - Projecto Socrates Lingua D.* A LIDEL - Edições Técnicas, Lda., em Lisboa, e o Núcleo do Ensino do Português no Estrangeiro - DEB, em Madrid, são também parceiros no projecto. Os autores agradecem o apoio e cooperação prestados pelos Departamentos de Educação nos Consulados Portugueses em Londres, Paris, Luxemburgo, Frankfurt, Holanda e Bruxelas nesta iniciativa.

Fizeram parte dos grupos do projecto as seguintes pessoas:

D.G.I.D.C., Portugal:
Laura Fançony (autora) colocada em Londres
Manuela Yates (autora) colocada em Londres
Maria do Céu Baptista (workshops, escolas-piloto e material áudio em Espanha)
Luís Teixeira (workshops e pesquisa, Belmonte, Madrid)

North Westminster School of London, Inglaterra:
Sol Garson - ideia original/concepção e coordenação do projecto
Sonia Asli - assistente de coordenação (redactora no Reino Unido)
Lucia Sofia Da Palma (investigação, entrevistas, finanças e tradução para inglês)
Sonia Santos Montgomery (concepção/ideia original, autora em Londres)

Participantes contratados pela North Westminster School of London, Inglaterra:
Rogério Trindade (cartoonista, ilustração da capa)
Linda Reichenbach (desenhadora gráfica e ilustradora)
Isabel Pineda (tradutora espanhola, Madrid)
Martin Bösser (tradutor alemão, Hamburgo)
Patrick Montgomery (tradutor holandês, Amesterdão)
Sandra Barrera (tradutora francesa, Bruxelas)
Luísa Magalhães (voz de CDs, Lisboa)
Mário Rui Pedroso (voz de CDs, Lisboa)
Nelson Garcia Teixeira (voz de CDs, Lisboa)
Estúdio Núvem Eléctrica (execução técnica de CDs, Lisboa)

Escolas de parceria, Espanha:
IES Señor de Bembibre, Bembibre, León
IES San Isidro, Madrid

Escolas participantes:
Departamentos de Português
Lycée International, St. Germain-en-Laye, França
Institut de Filles de Marie St. Gilles, Bruxelas, Bélgica
Lycée Téchnique de Ettelbruck, Ettelbruck, Luxemburgo
Max-Planck Gymnasium, Dortmund, Alemanha
Esprit, Amesterdão, Países Baixos

* O Programa Socrates não se responsabiliza pelo conteúdo deste livro.

Chamo-me Manuel Paulo. Nasci no dia 9 de Junho de 1975 em Benguela, no sul de Angola. Estudo em Luanda, mas passo as minhas férias em Lisboa.

Chamo-me Isabel de Fátima sou cabo-verdiana e tenho 40 anos. Nasci na Cidade da Praia, em Cabo Verde, mas vivo em Bissau.

Chamo-me Rute Mourão. Tenho 4 anos. Vivo em Portugal, em Belmonte, perto da Guarda.

Chamo-me Morena Dias Botelho de Magalhães. Tenho 22 anos. Vivo no Brasil, nasci na Alemanha, mas tenho nacionalidade francesa.

Chamo-me Tzira Correia. Sou filha da Isabel de Fátima. Tenho 19 anos. Nasci na Guiné-Bissau, mas agora vivo em Londres porque estudo lá.

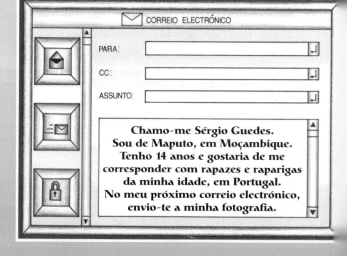

CORREIO ELECTRÓNICO

PARA:

CC:

ASSUNTO:

Chamo-me Sérgio Guedes. Sou de Maputo, em Moçambique. Tenho 14 anos e gostaria de me corresponder com rapazes e raparigas da minha idade, em Portugal. No meu próximo correio electrónico, envio-te a minha fotografia.

EXERCÍCIO A Fáceis

QUEM É?
QUEM SÃO?

Das doze pessoas entrevistadas diz:

1. *Quem é a mais velha?*
2. *Quem é a mais nova?*
3. *Quem é dos países africanos?*
4. *Quantas têm 16 anos?*
5. *Quem é que não vive em países europeus?*
6. *Quem é o mais velho dos homens?*

Chamo-me Tartaruga e nasci aqui.

BLÁ BLÁ

O meu nome é Nela Eunice Cortinhas de Almeida. Tenho 15 anos. Vivo em Bruxelas. Estudo numa escola muito rigorosa. Falo português em casa e francês na escola.

Chamo-me Paulo Lima. Nasci em Dortmund, na Alemanha, que é onde vivo. Em casa, falamos português. Tenho 12 anos.

Chamo-me Jair da Silva. Tenho 16 anos. Como vivo em Amesterdão, nos Países Baixos, falo neerlandês. Só tenho uma irmã. Com ela e com os meus pais falo português. Tenho amigos holandeses e portugueses.

Chamo-me Noélia Carapuço. Vivo com os meus pais e dois irmãos em Londres. A minha língua materna é o português, falo inglês fluentemente e alemão bastante bem.

Chamo-me Elizabeth Ferreira. Vivo no Luxemburgo, em Ettelbrück. Os meus pais são portugueses. Tenho 16 anos.

Chamo-me Filipe. Tenho 16 anos. Nasci em Vila Real, em Portugal, mas agora vivo em Bembibre, na Espanha. Em casa, falamos português e às vezes espanhol.

Chamo-me Ouriço e nasci aqui.

Mais difíceis

TEM CUIDADO!

7. *Há duas pessoas que vivem em ilhas. Quem são?*
8. *Quem vive mais perto de Lisboa?*
9. *Quem é que vive mais longe de Lisboa?*
10. *Quantas cidades e capitais são mencionadas?*
11. *Se tens 14 anos, responde ao correio electrónico do Sérgio Guedes e, se não tens, escreve a qualquer um dos outros.*

Os Países de Língua
PORTUGUESA

País	Número de Habitantes	Capital	Nacionalidade	Feriado Principal
(República de Angola) **Angola**	13.900.000	Luanda	angolana	11/11/1975 (Dia da Independência)
(República Federal do Brasil) **Brasil**	180.000.000	Brasília	brasileira	07/09/1822 (Dia da Independência)
(República de Cabo Verde) **Cabo Verde**	460.000	Praia	cabo-verdiana	05/07/1975 (Dia da Independência)
(República da Guiné-Bissau) **Guiné-Bissau**	1.300.000	Bissau	guineense	24/09/1973 (Dia da Independência)
(República Popular de Moçambique) **Moçambique**	19.000.000	Maputo	moçambicana	25/06/1975 (Dia da Independência)
(República Portuguesa) **Portugal**	10.000.000	Lisboa	portuguesa	10/06/1910 (Dia de Portugal)
(República Democrática de São Tomé e Príncipe) **São Tomé e Príncipe**	150.000	São Tomé	são-tomense	12/07/1975 (Dia da Independência)
(República Democrática de Timor-Leste) **Timor-Leste**	779.000	Díli	timorense	20/05/2002 (Dia da Restauração da Independência)

EXERCÍCIO B

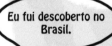

Eu fui descoberto no Brasil.

Tendo em conta a informação do quadro descobre:

1. Qual é o país com menor população?
2. Qual é o país com maior população?
3. Quais os dois países que têm o feriado principal em Julho?
4. Quais são os países que têm o feriado principal em Junho?
5. Qual dos países tem o feriado principal em Novembro?
6. Qual dos países se tornou independente no século XIX?
7. Qual dos países foi o primeiro a tornar-se independente no século XX?
8. Quatro países tornaram-se independentes em 1975. Por que ordem?
9. Quais são as três bandeiras que não têm a cor verde?
10. Qual é a bandeira que tem cinco cores?
11. Qual é a bandeira que não tem nenhuma estrela?
12. O que é que São Tomé e Príncipe, Açores, Madeira e Cabo Verde têm em comum?

A população de tartarugas é enorme!

EXERCÍCIO C

1. Procura no texto do marco as palavras que significam:
   a) espaço de cem anos
   b) data em que nasceu
2. Quem foi Pedro Álvares Cabral?
3. Quando é que ele nasceu?
4. Onde é Belmonte?
5. Quem mandou levantar este marco em homenagem ao navegador português?

MARCO FEITO ERIGIR PELO GOVERNO BRASILEIRO NO V CENTENÁRIO DO NASCIMENTO DE PEDRO ÁLVARES CABRAL

BELMONTE, 30 - 6 - 1968

Depois da descoberta do caminho marítimo para a Índia por Vasco da Gama, o navegador Pedro Álvares Cabral (c.1467-1520) chega ao Brasil no ano de 1500.

EXERCÍCIO D

Lê o texto "República Federativa do Brasil".

1. Que espaço geográfico ocupa o Brasil?
2. Quando é que o Brasil se tornou independente?
3. Quem foi o primeiro rei deste novo país?
4. Porque é que o Brasil é chamado "país irmão" de Portugal?
5. Quantas frases consegues encontrar que descrevem o Brasil?

REPÚBLICA FEDERATIVA DO BRASIL

NO SEGUIMENTO DA VIAGEM DE PEDRO ÁLVARES CABRAL CRIOU-SE, PELA PRESENÇA PORTUGUESA, A GRANDE NAÇÃO TROPICAL, O BRASIL — MUITO PARA ALÉM DOS LIMITES DO TRATADO DE TORDESILHAS — COMO UM "PAÍS CONTINENTE", UM GIGANTE COM QUASE METADE DO ESPAÇO DA AMÉRICA DO SUL.

NO SÉCULO XIX TORNOU-SE UM NOVO ESTADO INDEPENDENTE - EM 7 DE SETEMBRO DE 1822 - SENDO O HERDEIRO DA COROA PORTUGUESA O PRIMEIRO SOBERANO DO NOVO PAÍS O PRIMEIRO "PAÍS IRMÃO" DE PORTUGAL.

De onde és?

sou	de	Angola / Cabo Verde / Macau / Moçambique / Timor-Leste/ São Tomé e Príncipe / Trás-os-Montes / Lisboa / Évora / Faro / Brasília / São Paulo / Belém
	do	Brasil / Canadá / Algarve / Minho / Porto / Rio de Janeiro
	da	Guiné / Suíça / Alemanha / Madeira / Guarda / Figueira da Foz
	dos	Estados Unidos / Açores
	das	Caraíbas / Filipinas

"Mas acham que existe realmente diversidade entre nós, administradores, para representar os países de expressão portuguesa?"

Exemplo:

- És de Lisboa?
- Sou.
- Sim, sou.
- Sou, sim.
- Não, sou de Luanda.
- Não, não sou de Lisboa, sou da Guarda.

FAMILIAR OU FORMAL
SINGULAR

1 - Quando falamos com amigos ou com pessoas da nossa família.
Os adultos costumam tratar por "tu" e "vocês" as crianças e os jovens.

2 - Quando não tratamos as pessoas por "tu" e não queremos ser formais.

3 - Quando falamos com pessoas que devemos tratar formalmente.

FAMILIAR OU FORMAL
PLURAL

SER OU NÃO SER...

SER (irregular)			
Presente do Indicativo			
Singular		*Plural*	
Eu	sou	Nós	somos
Tu	és	Vocês	são
Você			
O Sr./A Sra.	é	Os Srs. /As Sras.	são
Ele/Ela		Eles/Elas	

Sou
ou não sou....

Limpeza

A LIMPEZA DA CIDAD
É CONSIGO.
É CONNOSCO.

EXERCÍCIO E

Escolhe a forma correcta do verbo para completares as frases.

1. Bruno: " _____ de Angola".
   (sou / és)
2. Ana Isabel: " _____ da Madeira".
   (sou / és)
3. Luís: "O Filipe e a irmã _____ de Portugal?"
   Carlos: "Não, _____ da Bélgica".
   (somos / são)
4. Donde é que vocês são?
   João e Isabel: " _____ do Brasil".
   (é / somos)
5. Inês: "Donde é o Miguel?"
   Pedro: " _____ do Luxemburgo".
   (és / é)
6. Pedro: "E tu, donde _____ ?"
   (és / somos)

A Ana Cristina mora em Amesterdão.
Gostas? As casas da cidade onde vives são diferentes?

EXERCÍCIO F

Escreve um poema.

Quem somos nós?
Perguntou uma voz!
Talvez sejamos holandeses....
Não, não, somos verdadeiros
portugueses.

São dois povos que se dão como irmãos
Sempre que se vêem apertam as mãos.
Ficam os dois à beira-mar.
Sempre os hei-de admirar

Ana Cristina – 10º ano

O BRUNO DE MOÇAMBIQUE

Bom dia! Sou o Bruno Miguel Guerreiro Batalha. Tenho catorze anos.

Nasci num barco no primeiro dia de Abril de 1986. Tenho uma irmã que se chama Ana Isabel e que também nasceu no primeiro de Abril, mas ela tem dezasseis anos. Tenho um irmão chamado Diogo que tem onze anos. O meu irmão é meu amigo e a minha irmã é minha irmã!

Vivo em Maputo, Moçambique, às vezes em Lisboa, Portugal, e algumas vezes no Brasil. A minha mãe, a Dra. Mariana Ventura Guerreiro, nasceu no dia vinte e nove de Fevereiro, em Lisboa. Não sei quantos anos é que tem... O meu pai, João de Oliveira Batalha, nasceu no dia e vinte cinco de Dezembro. Acho que tem quarenta e dois anos.

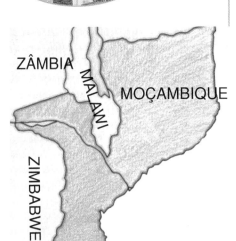

ZÂMBIA

MALAWI

MOÇAMBIQUE

ZIMBABWE

Maputo

SUAZILÂNDIA

EXERCÍCIO G

Lê o texto.
Assinala as frases verdadeiras, falsas e as que não se sabe.

1. O Bruno e a irmã são bons amigos.
2. O Diogo nasceu no dia 1 de Abril.
3. A mãe do Bruno tem 40 anos.
4. A irmã do Bruno tem 16 anos.
5. O pai do Bruno chama-se Diogo.
6. A mulher do João é enfermeira.
7. O Bruno é brasileiro.
8. O Sr. e a Sra. Batalha têm três filhos.
9. Inventa mais 3 frases:
   uma verdadeira, uma falsa e uma possível.

O Bruno é especial.

Vamos para a biblioteca.

REPÚBLICA POPULAR DE MOÇAMBIQUE

FOI O CÉLEBRE VASCO DA GAMA O PRIMEIRO NAVEGADOR PORTUGUÊS QUE CHEGOU A MOÇAMBIQUE, DURANTE A SUA FANTÁSTICA AVENTURA EM BUSCA DA ÍNDIA. DEPOIS DE PASSAR O CABO DA BOA ESPERANÇA DEMOROU-SE EM VÁRIOS PORTOS DA COSTA ORIENTAL AFRICANA, E ENCONTROU NA BELA ILHA DE MOÇAMBIQUE O APOIO DE QUE NECESSITAVA.

NOS SÉCULOS SEGUINTES MOÇAMBIQUE CONTINUOU A SER UMA BASE DOS NAVIOS DA CARREIRA DA ÍNDIA E UM PONTO DE FIXAÇÃO DA PRESENÇA PORTUGUESA.

O NOVO PAÍS ASCENDEU À INDEPENDÊNCIA NO SÉCULO XX EM 25 DE JUNHO DE 1975.

EXERCÍCIO H

Descobre...

1. a) Quem foi Vasco da Gama?
   b) Quando é que ele chegou à Índia?
2. Onde fica o cabo da Boa Esperança?
3. a) Onde se situa Moçambique?
   b) Qual é a capital do país?
   c) Que países fazem fronteira com Moçambique?
4. Explica a expressão do texto "carreira da Índia".

PARA CONSULTAR

Substantivos com terminação em	Género	Artigo definido		Terminação dos plurais	Exemplos
		Singular	Plural		
-o	quase todos masculinos	o	os	+s	O tio – os tios; o livro – os livros; o gato – os gatos
-a ou –ã	quase todos femininos	a	as	+s	A casa – as casas; a caneta – as canetas; a mala – as malas; A maçã – as maçãs; a rã – as rãs; a lã – as lãs
-e	masculinos ou femininos	o	os	+s	O perfume – os perfumes; o bosque – os bosques;
		a	as	+s	A noite – as noites; a classe – as classes; a mãe – as mães;
-ade/-tude/-cie	todos femininos	a	as	+s	A cidade – as cidades; a virtude – as virtudes; a espécie – as espécies
-i	masculinos ou femininos	o	os	+s	O pai – os pais; o rei – os reis; o javali – os javalis;
		a	as	+s	A lei – as leis; a grei – as greis
-u	todos masculinos	o	os	+s	O troféu – os troféus; o museu – os museus
-r	masculinos ou femininos	o	os	+es	O doutor – os doutores; o amor –amores; o dor – odores
		a	as	+es	A flor – as flores; a mulher – as mulheres
-ás/-és/-ís	quase todos masculinos	o	os	+es	O gás – os gases; o português – os portugueses; o país – os países
-s palavras graves	quase todos masculinos	o	os	Não muda	O lápis – os lápis; o oásis – os oásis; o vírus – os vírus; O atlas – os atlas; o pires – os pires
-ez	quase todos femininos	a	as	+es	A vez – as vezes; a tez – as tezes
-oz/-uz	masculinos ou femininos	o	os	+es	O arroz – os arrozes; o capuz – os capuzes;
		a	as	+es	A voz – as vozes; a luz – as luzes
-az	quase todos masculinos	o	os	+es	O rapaz – os rapazes; o cartaz – os cartazes;
		a	as	+es	A paz – as pazes
-iz	masculinos ou femininos	o	os	+es	O nariz – os narizes; o juíz – os juízes;
		a	as	+es	A raiz – as raízes; a cicatriz – as cicatrizes
-ção/-são/-stão	todos femininos	a	as	(ão) – ões	A nação/confusão/sugestão –As nações/confusões/sugestões
-ão	masculinos ou femininos	o	os	(ão) – ões	O camarão – os camarões; o leão – os leões
		a	as	(ão) – ões	A região – as regiões; a lição – as lições
-ão	todos masculinos	o	os	(ão) – ães	O pão – os pães; o capitão – as capitães; o cão – os cães
-ão	quase todos masculinos	o	os	+s	O irmão – os irmãos; o cidadão – os cidadãos;
		a	as	+s	A mão – as mãos
-gem	todos femininos	a	as	(gem) – gens	A viagem – as viagens; a portagem – as portagens
-m	todos masculinos	o	os	(m) – ns	O homem – os homens; o jardim – os jardins
-al	quase todos masculinos	o	os	(al) – ais	O animal – os animais; o jornal – os jornais
-el	todos masculinos	o	os	(el) – éis	O hotel – os hotéis; o pastel – os pastéis
-el/-il 1ª sílaba tónica	todos masculinos	o	os	(el/il) – eis	O móvel – os móveis; o túnel – os túneis O réptil – os répteis; o têxtil – os têxteis
il	todos masculinos	o	os	(il) – is	O barril – os barris; o canil – os canis
ol	todos masculinos	o	os	(ol) – óis	O lençol – os lençóis; o cachecol – os cachecóis

Que dor de cabeça!

CUIDADO !!! Excepções para aprender...

• Há alguns substantivos terminados em **a** que são masculinos:

o dia; **o** mapa; **o** programa; **o** sistema; **o** tema; **o** telegrama; **o** guia (livro).

• Há substantivos terminados em **a** que têm a mesma forma comum aos 2 géneros:

o/a futebolista; **o/a** guia; **o/a** jornalista; **o/a** lojista; **o/a** especialista; **o/a** turista.

EXERCÍCIO I

Escreve os plurais e os artigos definidos das seguintes palavras :

__ pêssego;	__ pudim;	__ pensão;
__ peixe;	__ passaporte;	__ resposta;
__ legião;	__ televisão;	__ emprego;
__ ananás;	__ abacaxi;	__ parque;
__ carril;	__ pincel;	__ postal;
__ pintor;	__ perfil;	__ montão;
__ mexilhão;	__ alemão;	__ quilo;
__ irlandês;	__ túnel;	__ pedal;
__ problema;	__ fóssil.	

Chamo-me Cleici Ludmila Silva Monteiro e tenho 15 anos. Vivo aqui em Madrid desde 1996, mas antes eu morava com a minha **avó** e a minha tia, em Cabo Verde. Cabo Verde é um **arquipélago** que está situado na costa ocidental de África, tem 10 ilhas e está dividido em dois grupos: o do Barlavento e o do Sotavento. A minha ilha de São Vicente está no grupo do Barlavento. A capital da ilha é São Tiago e as cidades importantes são São Miguel, que é na minha ilha, São Filipe que é na ilha do Fogo, onde está **o vulcão**, e Praia, na ilha de São Tiago. Estas e outras **ilhas** de Cabo Verde foram descobertas por volta de 1455 pelos **portugueses.**

A minha **cidade** não é grande porque a ilha de São Vicente também não é grande, mas tem de tudo, tem **igreja**, escolas e fica perto do mar. Os **prédios** são pequenos, têm 4 ou 5 **andares**. As **pessoas** aí não têm muita pressa, estão sempre calmas. Faz muito sol, mas o sol não queima muito, porque como está perto do **mar**, a brisa é sempre mais suave. Não faz frio, o que faz é vento que levanta muito **pó** e suja a casa.

Passo lá o **festival** da Baía. É uma festa muito conhecida que se faz na praia, onde vão cantar muitos **cantores** importantes e onde se reúnem pessoas de ilhas diferentes e muitos **turistas**. No fim do ano, fazem-se muitas **festas.**

Grupos de amigos juntam-se em casa uns dos outros e depois da meia-**noite** quase ninguém fica em casa. À meia-**noite**, ouvem-se as **buzinas** dos **carros**, os apitos dos **barcos** atracados na **baía** e as pessoas saem todas à **rua**. Algumas vão nadar.

Em Cabo Verde, saímos e vamos para festas desde os doze ou catorze anos. Lá, posso ficar com os meus amigos até tarde e não há **problema.**

Aqui em Espanha , não posso sair todas as noites porque é perigoso.

IlHAS DO BARLAVENTO

Santo Antão
Mindelo
Sal
Santa Maria
Santa Luzia
São Nicolau
Boa Vista

IlHAS DO SOTAVENTO

Tarrafai
Maio
PRAIA
Brava
Fogo
São Tiago

História, geografia e línguas. Ai! Mãe do Céu.

EXERCÍCIO J

Escreve o artigo definido, o plural e o singular das palavras destacadas no texto.

EXERCÍCIO K

Lê o texto sobre Cleici.

1. Quais são, na tua opinião, as coisas mais importantes para Cleici?
2. Gostarias de visitar ou viver em Cabo Verde? Porquê?
3. Sabes mais alguma coisa sobre Cabo Verde para além do que acabaste de ler?
4. Conheces algum(a) cabo-verdiano(a)? Como é que ele(a) é?

Sem alegria não vivo.

EXERCÍCIO L

No texto "República de Cabo Verde", transcreve palavras ou expressões sinónimas das seguintes:

1. Há uns quinhentos anos atrás.
2. Não vivia ninguém.
3. Grupo de ilhas.
4. Cruzamento racial.
5. Iria converter-se.
6. Autónomo, livre.

EXERCÍCIO M

Retira do texto 17 substantivos e artigos definidos que concordam com eles em género e número.

EXERCÍCIO N

Escreve 5 ou 6 frases ou pequenos poemas começando por: "Sem alegria..."

Sem alegria, a humanidade não compreende a simpatia nem o amôr.

Ramalho Ortigão 1836-1915

REPÚBLICA DE CABO VERDE

QUANDO AS ILHAS DE CABO VERDE FORAM DESCOBERTAS PELOS PORTUGUESES NO SÉCULO XV, ESTAVAM AINDA DESABITADAS.

FORAM DESDE ENTÃO POVOADAS POR POPULAÇÕES DE ORIGEM AFRICANA E EUROPEIA, DANDO O EXEMPLO DE UM NOTÁVEL PROCESSO CULTURAL DE MISCIGENAÇÃO.

HAVENDO SIDO NO PASSADO UMA IMPORTANTE BASE DAS NAVEGAÇÕES, O ARQUIPÉLAGO DE CABO VERDE IRIA TRANSFORMAR-SE NO FUTURO EM UM PONTO DE ENCONTRO DO MUNDO ATLÂNTICO E AFRICANO, COMO PAÍS INDEPENDENTE DESDE 5 DE JULHO DE 1975.

DO, DA, DOS, DAS

As preposições **de, a,** e **em** contraem-se com os artigos definidos **o, a, os, as.**

Preposições	Artigos definidos			
	o	a	os	as
	Contracções			
de	do	da	dos	das
a	ao	à	aos	às
em	no	na	nos	nas

O lápis é das Filipinas.

Quantas Grandes Guerras se travaram no século XX?

O PNSE atravessa a Beira Alta e a Beira Baixa, ocupa uns 1000 km² e foi fundado em 1976.
Para que servem os parques nacionais?

EXERCÍCIO O

Preenche os espaços com as contracções dos artigos e o verbo ser.

Exemplo: ____ amigos ____ rapaz ____ ____ Guiné-Bissau.
Os amigos do rapaz são da Guiné-Bissau.

1. __ dia __ independência __ Guiné-Bissau __ a 24 __ Setembro.
2. __ Castelo __ Mouros fica em Sintra __ norte __ capital __ país.
3. __ hospital fica __ Alameda __ Combatentes __ Grande Guerra em Cascais.
4. __ maioria __ jovens __ mundo não se droga.
5. __ parque natural __ Serra __ Estrela __ perto __ Guarda.
6. __ caminho __ droga __ __ caminho __ ruína.

Que vida! Até poeta agora sou...

O caminho da taberna é o caminho do Hospital.

EXERCÍCIO P

Inventa mais 5 dizeres como:
O caminho _____ é o caminho _____.

O Palácio Nacional da Pena, em Sintra, é diferente por fora e por dentro. Como e porquê? Porque é que existem castelos dos Mouros em Portugal? O Museu do Brinquedo tem colecções de soldadinhos de chumbo, comboios de corda e bonecas de porcelana.
Faz uma lista de outros brinquedos que existem nestes museus.

Sabe que a maioria **dos jovens** não se droga?...

Caderno > F, G, H

IR (irregular)			
Presente do Indicativo			
Singular		Plural	
Eu	vou	Nós	vamos
Tu	vais	Vocês	vão
Você		Os Srs.	
O Sr./A Sra.	vai	As Sras.	vão
Ele/Ela		Eles/Elas	

14

Olá! De novo! Sou eu, a Tzira e esta é a minha irmã. A minha irmã tem 14 anos, ela é alta e morena. Está no nono ano e pensa fazer Humanidades. Ela é simpática. Vive bem na Guiné-Bissau, tem todas as condições para viver bem. A vida na Guiné é diferente da vida em Portugal, as pessoas na Guiné são mais amigáveis, convivem mais umas com as outras. A Guiné-Bissau fica na África Ocidental entre a Guiné e o Senegal. Tem mais de 300 km de fronteira com cada um destes países e a área total é de 36120 km² que inclui o arquipélago dos Bijagós. A língua oficial é o português, mas também falamos o crioulo que é uma mistura do português e das línguas do país.

As exportações principais são a castanha de caju, peixe e algum amendoim. A população é de cerca de 1 milhão e meio de pessoas. A era colonial começou em 1456, o país tornou-se independente em 1973. A época seca é de Dezembro a Maio e de Junho a Novembro temos a monção, portanto, chove mas faz calor e humidade ao mesmo tempo.

Diário de Bissau
R. Vitorino Costa n° 29 - Bissau Tel. 20.80.49

> Para isto preciso de uma lupa!

SENEGAL

Bissau

GUINÉ-BISSAU

GUINÉ

> O meu país tem 8 metros quadrados.

EXERCÍCIO Q

Lê o texto sobre a Tzira.
1. Baseando-te na leitura, escreve a tua situação pessoal e a do teu país.
2. Procura informar-te sobre a religião, a arte e cultura, a comida e o governo da Guiné-Bissau.

EXERCÍCIO R

Lê o texto "República da Guiné-Bissau".
1. Procura descobrir 14 contracções do artigo definido com as preposições.

> Ao caderno de novo. Eu... não estou nada contente!

EXERCÍCIO S

Observa as duas fotografias que se seguem.
1. Descreve-as.
2. Na tua opinião, porque é que estão todos contentes?

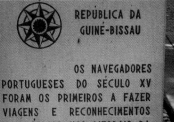

REPÚBLICA DA GUINÉ-BISSAU

OS NAVEGADORES PORTUGUESES DO SÉCULO XV FORAM OS PRIMEIROS A FAZER VIAGENS E RECONHECIMENTOS GEOGRÁFICOS NOS LITORAIS DA ÁFRICA OCIDENTAL E DO GOLFO DA GUINÉ E AÍ VIERAM A ESTABELECER CONTACTOS COM AS POPULAÇÕES.

A PRESENÇA DOS PORTUGUESES NAS REGIÕES DA GUINÉ-BISSAU DATA DE 1456, E A SOBERANIA PORTUGUESA DUROU MAIS DE QUINHENTOS ANOS, ATÉ AO SÉCULO XX, SENDO 24 DE SETEMBRO DE 1973 A DATA OFICIAL DA INDEPENDÊNCIA DO NOVO PAÍS QUE SE VEIO A TORNAR EM MAIS UM DOS MEMBROS DA COMUNIDADE LUSO-AFRO-BRASILEIRA.

Mosteiro de Batalha A

Castelo de Bragança B

EXERCÍCIO T

Escreve 20 palavras relacionadas com cada par de fotografias (A/B-C/D).

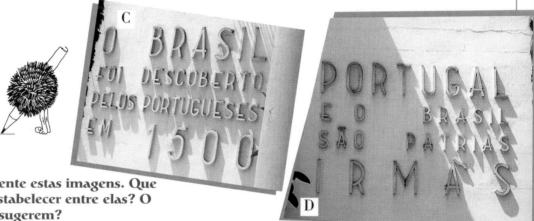

C

O BRASIL FUI DESCOBERTO PELOS PORTUGUESES EM 1500

PORTUGAL E O BRASIL SÃO PATRIAS IRMÃS

D

EXERCÍCIO U

Observa atentamente estas imagens. Que relação se pode estabelecer entre elas? O que é que elas te sugerem?

Timor Loro Sae
A Terra e o Povo

Este livro é uma síntese monográfica concisa, com abundante iconografia, e cujo objectivo é essencialmente o de contribuir para um melhor conhecimento das realidades do país irmão, fundamental para a sua reconstrução.

Evidenciam-se os aspectos geográficos nas suas múltiplas componentes (hidrografia, clima, fauna, flora, comércio, serviços, etc.), bem como a evolução histórica desde os primórdios aos nossos dias.

Inclui-se ainda uma cronologia detalhada de acontecimentos importantes que marcaram a vida ou a história deste martirizado povo.

Pedidos para:
CIC — Portugal
Associação para a Cooperação, Intercâmbio e Cultura
Rua de São Filipe Nery, N.º 59 - BL 1 - 4.º F
1250-226 LISBOA
Tel. 21 385 71 41
Fax. 21 385 81 51

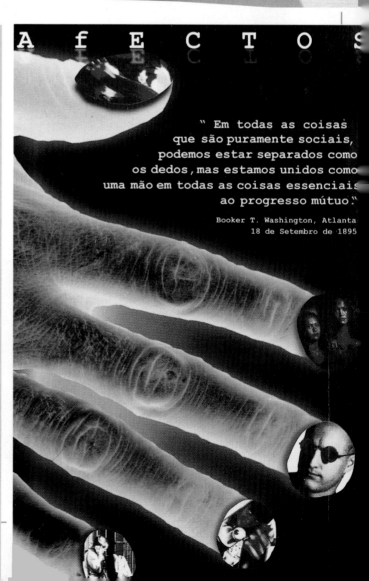

A F E C T O S

" Em todas as coisas que são puramente sociais, podemos estar separados como os dedos, mas estamos unidos como uma mão em todas as coisas essenciais ao progresso mútuo."

Booker T. Washington, Atlanta
18 de Setembro de 1895

IA

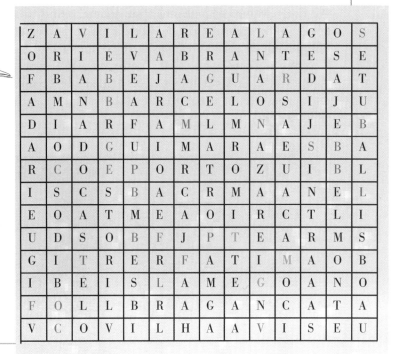

SÓNIA

EXERCÍCIO V

Escreve 20 palavras relacionadas com cada fotografia.
A seguir, procura descobrir pelo menos 10 diferenças entre elas.

EXERCÍCIO W

Faz a ligação correcta.
1. Cabo Bojador
2. Cabo da Boa Esperança
3. Descoberta do Brasil
4. Caminho Marítimo para a Índia

a. Pedro Álvares Cabral
b. Bartolomeu Dias
c. Vasco da Gama
d. Gil Eanes

EXERCÍCIO Y

Lê as frases abaixo indicadas e adivinha quem possa tê-las dito? A Sofia ou a Sónia?
1. Sou de Portugal.
2. Sou de Inglaterra.
3. Tenho 21 anos.
4. Faço 22 anos em Agosto.
5. Vivo no Algarve.
6. Vivo em Londres.
7. Estudo Línguas.
8. Estudo Gestão de Empresas na universidade.
9. Tenho uma irmã.
10. Tenho um irmão e uma irmã.
11. Tenho namorado.
12. Eu não tenho namorado ainda.

EXERCÍCIO X

Palavras Escondidas

Neste esquema há 29 lugares importantes em Portugal.
A primeira letra está a vermelho e a azul se estiver no início de dois lugares diferentes.
As letras a verde começam 3 lugares na Ásia, onde se fala português.
Uma cidade do Alentejo aparece 4 vezes. Há também uma capital europeia a castanho.
Quando encontrares os lugares, escreve-os no mapa do exercício K no Caderno de Exercícios onde está a primeira letra de cada cidade.

Z	A	V	I	L	A	R	E	A	L	A	G	O	S
O	R	I	E	V	A	B	R	A	N	T	E	S	E
F	B	A	B	E	J	A	G	U	A	R	D	A	T
A	M	N	B	A	R	C	E	L	O	S	I	J	U
D	I	A	R	F	A	M	L	M	N	A	J	E	B
A	O	D	G	U	I	M	A	R	A	E	S	B	A
R	C	O	E	P	O	R	T	O	Z	U	I	B	L
I	S	C	S	B	A	C	R	M	A	A	N	E	L
E	O	A	T	M	E	A	O	I	R	C	T	L	I
U	D	S	O	B	F	J	P	T	E	A	R	M	S
G	I	T	R	E	R	F	A	T	I	M	A	O	B
I	B	E	I	S	L	A	M	E	G	O	A	N	O
F	O	L	L	B	R	A	G	A	N	C	A	T	A
V	C	O	V	I	L	H	A	A	V	I	S	E	U

O Mundo de um Lusófono

Um *e-mail* do Bruno...

Olá Sara!

Finalmente, o primeiro dia de aulas chega amanhã! Já estava cansado das férias e mal posso esperar por rever os meus colegas! Será que vou ter os mesmos professores? Espero que a professora de Matemática seja diferente. Não gostei nada dela!

O João disse-me que a escola foi toda pintada, que o ginásio foi modernizado e que algumas mesas e cadeiras mais velhas foram substituídas por novas. Ummm... assim não as poderei riscar com marcadores grossos como fiz no ano passado!

O Miguel telefonou-me ontem a dizer que viu a lista da nossa turma e que vamos ter mais raparigas (já não era sem tempo!); também disse que o nosso horário vai ser de manhã, ou seja, vou ter de me levantar cedo todos os dias!

O meu horário é este:

Dias da semana / Horas	segunda	terça	quarta	quinta	sexta
08h30 - 09h20	Inglês	Matemática	Francês	Francês	Inglês
09h30 - 10h20	Ciências da Natureza	Educação Física	Língua Portuguesa	Matemática	Língua Portuguesa
10h35 - 11h25	Matemática	Ciências da Natureza	Língua Portuguesa	Matemática	Físico-Química
11h30 - 12h20	Língua Portuguesa	Físico-Química	Físico-Química	História	Ciências da Natureza
12h30 - 13h20	História	Francês	Educação Física	Inglês	História
13h30 - 14h20					
14h30 - 15h20		Educação Visual		Educação Física	
15h30 - 16h20		Educação Visual		Educação Visual	
16h35 - 17h25					
17h30 - 18h20					

Por fim, o Miguel deu-me uma triste notícia: o Sr. Alfredo, o contínuo mais antigo da escola, está no hospital devido a um enfarte. Coitado! Toda a malta gostava dele e eu sugeri ao Miguel que fôssemos visitá-lo ao hospital um destes dias. Depois de lhe termos feito a vida negra o ano passado (ainda me lembro de quando lhe tirámos o capachinho e ele a correr e a berrar atrás de nós!), é o mínimo que podemos fazer.

Agora vou ter de me ir embora, pois ainda tenho de fazer as minhas compras escolares. Amanhã terei um dia em cheio e terei mais notícias para ti.

Tchau...

GOSTO DE...

+ a = da

+ o = do

+ as = das

+ os = dos

O Bruno vai às compras

Com o início da escola, as lojas põem em saldo o material escolar que é tão requisitado nesta altura, o que calha mesmo bem, porque o Bruno só tem 20 euros para gastar.

EXERCÍCIO A

Considera a lista inicial de compras do Bruno e determina qual o material escolar que o Bruno poderá comprar com o dinheiro que tem. A soma total dos artigos escolares que seleccionares não pode ultrapassar os € 20. Os artigos que escolheres devem ter um valor superior àqueles que rejeitares. Em seguida, justifica oralmente a tua escolha à Turma.

LISTA DE COMPRAS

- caderno escolar - € 2
- esferográfica - € 1
- lapiseira - € 1,5
- borracha - € 1
- estojo - € 5
- capas plásticas - € 7
- conjunto de disquetes - € 4
- resma de folhas para impressora - €4
- caneta correctora - €1
- mochila - € 10
- dicionário de Língua Portuguesa - € 9
- resma de folhas para dossier - € 2
- separadores para dossier - € 2
- régua - € 1
- gramática - € 10
- tinta para impressora - € 18
- compasso - € 1
- caderno de desenho - € 2
- ténis - € 18

Equipa-te!

Regresso às Aulas
De 28 de Agosto a 20 de Setembro

Equipa-te com o melhor material para regressar às aulas em grande estilo: marcadores, réguas, esquadros, super-mochilas, daí...nos à maneira, isto e aquilo, tudo e mais alguma coisa, e etecetra e tal...

jumbo

EXERCÍCIO B

Observa o anúncio publicitário e escreve no teu caderno que estratégias são utilizadas para conquistar o possível cliente. Deverás ter em consideração: a) a imagem, b) o nível de linguagem utilizado, c) o público a que se destina o anúncio.

O BRUNO NA RÁDIO!

...na equipa de reportagem da "Rádio Choc" foi à escola do Bruno para tentar auscultar os alunos ...bre o que pensam da sua escola. Aqui fica um excerto da entrevista do Bruno:

...pórter: — Quais são as tuas disciplinas favoritas?

...uno: — Eu gosto muito de Línguas, mas também gosto de Ciências. Mas talvez a disciplina de que goste mais seja a de Informática, porque gosto de trabalhar com computadores.

...pórter: — E que opinião tens dos professores desta escola?

...uno: — Bom, não gostei muito da minha professora de Matemática do ano passado, mas, em geral, não me posso queixar. Este ano acho que gosto de todos (pelo menos por enquanto!).

...pórter: — Obrigado pela tua colaboração!

...uno: — De nada. (À parte) Ena! Vou ficar famoso!

EXERCÍCIO C

Conversa com o teu colega e descobre quais os aspectos da vossa escola de que gostam mais e de que gostam menos e porquê.

Caderno > A, B, C, D, E

O Mundo dos Estudos

O sistema português de ensino:

Escola pré-primária:
3-6 anos de idade

Educação básica:
1° ciclo: escola primária:
6-10 anos
2° ciclo: escola preparatória:
11-12 anos
3° ciclo: escola C+S: 12-14 anos

Educação secundária:
Escola secundária: 15-17 anos
Escolas profissionais: 15-17 anos

Educação universitária:
Universidade: 18-21/22/23 anos
(consoante o curso universitário)

Poeta às avessas!

Poeta às avessas!

*Que dores de cabeça,
me dá a minha escola.
Para ter conhecimentos, é uma
responsabilidade imensa.*

EXERCÍCIO D

Completa o poema com os versos dados.
Atenção! Deverás respeitar a seguinte estrutura rimática:

aa bb cc dd

O meu estojo carrega tudo,
_____
lápis, borrachas, canetas e mais,
_____
E a seguir à escola,
_____
depois faço o trabalho de casa,
_____

Fábio Lopes, Londres

Versos:
todos com desenhos de animais.
eu vou jogar com a minha bola,
e uso-o todas as vezes que estudo
e a minha mente abrasa!

EXERCÍCIO E

Uma janela aberta, uma brisa e ... este poema ficou às avessas! A tua tarefa é repor a ordem correcta dos versos tendo em conta a seguinte informação:

A primeira palavra do poema é "Ai";
A última palavra do poema é "pressa";
A estrutura rimática é a seguinte:

a	d
a	e
a	e
a	f
b	e
b	f
c	

*Estudar é nada.
E não o fazer!
Ler é maçada,
Não cumprir um dever,
Sem Literatura.
De tão naturalmente matinal,
O sol doira
O rio corre, bem ou mal,
Como tem tempo não tem pressa...
Sem edição original.
Ai que prazer
E a brisa, essa,
Ter um livro para ler (...)*

Fernando Pessoa

Lê os seguintes poemas sobre a escola.

A escola é como uma prisão,
porque quando eu entro na escola
já não posso sair à rua
sem ser no intervalo do meio-dia;
as portas são cinzentas;
as professoras são más.
Eu entro às 8 horas da manhã e acabo
às 3h45m da tarde;
todos nós temos a mesma cor de farda,
que é castanha;
também podíamos ser mais felizes na
escola;
não se pode levar nada para brincar;
não se pode levar ouro para a escola;
não se pode fazer barulho;
a escola também podia dar-nos mais
felicidade
porque nós também temos de aprender
que isso é uma realidade.

Amanda Anastácio, Londres

Goa

Escola, escola, escola,
No recreio jogar à bola.
Alunos, companheiros, amigas,
Aprender História e coisas antigas
E muitas outras matérias noutras
disciplinas;
O professor bem nos ensina
a ler, a escrever e a falar
pois é essa a sua sina
só temos é que estudar;
dossiê, cadernos, livros
e pôr coisas nos cacifos
quando a campainha tocar
é hora de aprender e ensinar
para as aulas todos vão
com os trabalhos prontos na mão
o aluno vai preparado para aprender
e para um dia tudo saber
e para assim ele poder
ir à Universidade e ver
que foi na escola que aprendeu
e que agora o futuro é seu! ...

Jennifer Morais, Londres

EXERCÍCIO F

Que imagem se relaciona melhor com cada um dos poemas?

manha

Espanha

Londres

CIBERJOVENS

Na Escola Secundária Diogo Gouveia, em Beja, os miúdos já não jogam à bola ou ao pião, talvez porque palavras como site, nickname ou net são já muito familiares n[...] corredores da instituição, uma das escolhidas pelo Ministério da Educação para o programa Escolnet, que fornece a[...] estabelecimentos de ensino ligações à Internet. "Os alunos fazem pesquisas para trabalhos, leituras de jornais ou joga[...] diz o presidente do Conselho Directivo.

Segundo o professor de Informática, no início era todo um mundo novo para os jovens estudantes. O objectivo de desper[...] o interesse pela informática foi cumprido: "Mesmo nas outras disciplinas utilizamos o computador. Se lhes der um li[...] sobre Fernando Pessoa, eles não o lêem; agora se for um CD-ROM sobre o escritor, já ligam.".

Mas também há desvantagens no livre acesso a toda a espécie de informação. "É claro que muitos consultam sites [...] Pamela Anderson", comenta o professor, que considera isso normal na fase de experimentação. "O meu máximo foram [...] horas seguidas", diz Leonardo Simões, 17 anos, aluno do 12º de Artes, com um sorriso triunfante que desaparece ao co[...] que os pais lhe deram uma semana de castigo por causa disso. "Passo horas a ler as páginas da NASA e de organiza[...] científicas", confessa Bruno Horta, 17 anos, no 12º de Humanidades, que quer ser jornalista. Bem diferente do que p[...] Francisco Valente, de 18: "O que me faz feliz é estar com o meu melhor amigo a jogar computador.".

in Visão, nº 305, Janeiro de 1[...]
(texto adaptado)

EXERCÍCIO G

1. Responde às perguntas.

A Por que razão os alunos desta escola preferem o computador à bola ou ao pião?

B Os alunos preferem o CD-ROM a ler um livro sobre um escritor. Porquê?

C Que desvantagens há, na tua opinião, sobre o livre acesso a tanta informação?

D Porque é que o Leonardo foi castigado pelos pais?

E O Bruno e o Francisco têm os mesmos interesses ou passatempos?

2. Faz perguntas para estas respostas.

A. Na Escola Secundária Diogo Gouveia.
B. Escolnet.
C. Ajuda-os a fazer pesquisa, a consultarem jornais e a divertirem-se.
D. O CD-ROM sobre o escritor.
E. O acesso a sites pouco recomendáveis.
F. Uma semana.
G. Dezassete anos.
H. No décimo segundo ano de Humanidades.
I. Jornalista.
J. Com o melhor amigo.

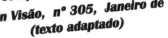

EXERCÍCIO H

Reflexão:

• Pensas que um dia os robôs poderão s[...] programados individualmente, de for[...] a demonstrarem uma determinada personalidade?

• Acreditas que, no futuro, as pessoas ir[...] ser mais amigas de máquinas do que [...] outras pessoas, de forma a evitarem conflitos?

Se construíssem uma Ouriça-robô c[...] espinhos, não diria [...] não a uma união matrimonial!

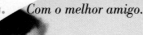

Planear os tempos livres através da Internet

Dos filmes em exibição no cinema ao horário dos museus, passando pela lista de preços das pousadas, a rede oferece uma quantidade de informação que não se deve desperdiçar.

http://cinema.etc.pt/

Esta é a página de eleição para todos os amantes de cinema. Intitulado 7ªArte - O Cinema em Portugal, contém um manancial de informação cinematográfica. Estreias da semana, críticas, novidades em vídeo, são alguns dos temas focados neste site, que é actualizado diariamente.

http:// www.inatel.pt/

O Inatel é um organismo público vocacionado para o aproveitamento dos tempos livres. Encontrará tudo sobre turismo social, actividades desportivas, campismo, centros de férias, etc. Esta é uma boa forma de, para quem ainda não conhece o Inatel, perceber a importância deste organismo.

http://.net-algarve.com

O Algarve é o destino turístico mais seleccionado pelos Portugueses. O Net-Algarve funciona como um verdadeiro pontador para tudo o que se relaciona com esta zona turística. Neste site, encontramos um directório de um grande número de empresas algarvias, sendo muito útil para todos aqueles que procuram contactos e informações variadas.

in Exame, nº 2, Maio/ Junho de 1999;
(texto adaptado)

EXERCÍCIO I

Responde às perguntas.

1. O que podes encontrar na página dedicada ao cinema português?
2. O que podes encontrar na página dedicada ao Algarve?
3. Indica duas actividades desenvolvidas pelo Inatel.
4. Por onde começas, quando necessitas de encontrar uma informação?
5. Qual é, para ti, o mais popular de todos os motores de busca? Porquê?
6. Quais são, para ti, os melhores jogos de acção no mercado?

Sou uma cibertartaruga! Conheci uma tartaruga fantástica na Internet. Já sinto que a amo!

Pois tiveste muita sorte. Na Internet, só encontrei um tal de Netsapo com olhos esbugalhados! Nada de ouriças excitantes!

O Bruno regressou de férias de Angola e encontrou uma pilha de postais que os seus amigos lhe enviaram durante as férias de Natal.

Olá Bruno,
Tudo bem? Estou a passar uns dias na Nazaré.
O sítio é muito bonito e os barcos daqui estão pintados de cores muito alegres.
Ontem fomos passear de barco e remei durante uma hora! Em breve, regressarei ao Algarve.
Um beijinho,
Ana

Oi Bruno!
Finalmente resolvi sair do Brasil e vim visitar Portugal. Já fui a Faro e Évora e agora estou em Lisboa. Estou a adorar isto tudo aqui!
Hoje andei de eléctrico (no nº 28 que podes ver no postal), pois dizem que é o que faz o percurso mais bonito. Sabia que os eléctricos não fazem poluição nenhuma, pois são movidos a electricidade?
Bom, espero que esteja tudo bem com você.
Um abraço,
José Maria

EXERCÍCIO J

Responde às seguintes perguntas e completa as frases.

1. A que lojas foste na semana passada?

2. Aonde é que tu e os teus pais vão este fim-de-semana?

3. Em que transporte é que o teu melhor amigo vai para a escola?

4. Nós _____ (ir) para casa às cinco da tarde todos os dias.

5. O Sr. Afonso _____ (ir) para o Brasil ontem.

VERBO IR (irregular)		
	Presente do Indicativo	Pretérito Perfeito do Indicativo
Eu	vou	fui
Tu	vais	foste
Você O Sr./A Sra.	vai	foi
Ele/Ela		
Nós	vamos	fomos
Vocês Os Srs./As Sras.	vão	foram
Eles/Elas		

IR

- **Ir de** + (meios de transporte - <u>em geral</u>)

- **Ir em** + (meio de transporte específico)

- **Ir a** + (local) - <u>por um curto período de tempo</u>

- **Ir para** + (local) - <u>por um longo período de tempo</u>

- **Ir de férias**
- **Ir às compras**

- Normalmente, **vou** para a escola **de** autocarro.

- Eu **vou no** avião da TAP e vocês?
- Eles **foram na** camioneta das 7h00.

- **Vais** muitas vezes **a** Portugal?
- Queres **ir ao** cinema ou **à** discoteca?

- **Vamos** sempre juntos **para** a escola.

- Quando é que **vais de férias**?
- Gostas de **ir às compras?**

Bruno, como estás?
Vim passar o Natal com a minha família ao Porto. As minhas férias têm sido óptimas! Junto envio uma foto que tirei da ponte D. Luís I.
Ontem, passei lá de carro com os meus pais para irmos às caves do vinho do Porto. O carro dos meus pais é novo e muito confortável e temos dado muitas voltas com ele. Gostaste de ir a Angola??
Espero que sim.
Beijos,

Sara

Coimbra, 22 de Dezembro

Querido Bruno,

Já tenho saudades tuas! Pela primeira vez, apanhei o comboio e vim a Coimbra visitar um grande amigo meu. A viagem de comboio foi boa; pude ver a paisagem ao longo do caminho, pude ler e até pude comprar comida !
Em cada paragem, entravam mais passageiros e saíam outros, pelo que nunca chegou a ficar cheio. Obrigada pelo teu postal de Angola que adorei.
Até breve,

Cidália.

Férias de arromba em Angola!

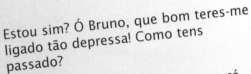

Bruno,

A tua avó Celeste telefonou hoje de manhã a convidar-te para passares as férias de Natal com ela e o resto da família em Angola.

Telefona-lhe ainda hoje a dar-lhe uma resposta, pois, se quiseres ir, tens de reservar o teu bilhete de avião o mais rapidamente possível.

Até logo,

Mãe

— Estou? Avó?

— Tenho passado bem e a avó?

— Claro que sim, com muito gosto!

— Às tias Josefina e Gertrudes?! Elas ainda estão aí com a avó? (Ó não!)

— Não, mas vou já tratar disso.

— Está bem, avó.
Um beijinho e até logo.

— Estou sim? Ó Bruno, que bom teres-me ligado tão depressa! Como tens passado?

— Eu estou bem. Olha, sempre vens cá passar o Natal connosco?

— Óptimo! Vou já dar a boa notícia às tuas tias Josefina e Gertrudes.

— Já reservaste a tua passagem de avião?

— Então, depois, diz-me quando vens.

— Adeus, Bruno.

EXERCÍCIO K

Fazendo uma reserva pela Internet...

Preenche os espaços em branco (no teu caderno), tendo em conta a informação seguinte:

Reserva On-Line da TAP
O sistema só aceitará reservas entre **5 dias** e **10 meses**.
De*:
Para*:
* Nome da cidade ou código do aeroporto
Tipo da viagem: Ida; Ida e volta
A partir de: mês ® dia ® hora ®
A regressar a: mês ® dia ® hora ®

Dados de viagem do Bruno:
Voo: ida e volta
Partida de : Lisboa
Destino: Luanda (Angola)
Data de ida: 18/12
Data de regresso: 3/1
Hora de ida: 6h30m
Hora de regresso: 20h20m

EXERCÍCIO L

Escreve um texto, contando as férias do Bruno desde que partiu para Luanda até que regressou a Portugal. Baseia-te nas imagens seguintes.

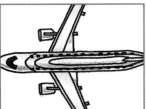  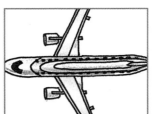

- Claro que só te amo a ti!
- Fiz uma óptima viagem.
- Sim, talvez esteja mais crescido.
- Olá! Viva! Estou bem, obrigado.
- Bom... não te tenho escrito porque tenho tido muito trabalho!

- Sim, estou de excelente saúde!
- Ó meu amorzinho! É óbvio que não fiz outra coisa senão pensar em ti!
- Sim, tenho estudado muitíssimo!
- Sim, prometo que vou sempre dar notícias.
- Sim, ajudo sempre a minha mãe a arrumar a casa.

EXERCÍCIO M

Em Luanda, o Bruno revê a sua avó Celeste e uma antiga namorada, a Laura. Para cada resposta do Bruno, faz a respectiva pergunta e decide quem a coloca: se a avó, se a namorada.

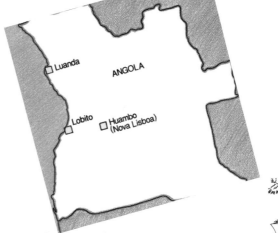

EXERCÍCIO N

Vamos à descoberta... de Angola! Escolhe a opção correcta.

a) *Como se chama a capital de Angola?*   *Luanda* ☐   *Belfast* ☐   *Brasília* ☐

b) *Um destes países é vizinho de Angola:*   *Quénia* ☐   *Zâmbia* ☐   *Argentina* ☐

c) *Um dos maiores recursos minerais é:*   *o carvão* ☐   *a prata* ☐   *o petróleo* ☐

d) *Um dos produtos que exporta mais é:*   *carros* ☐   *diamantes* ☐   *aviões* ☐

e) *A diferença de horas entre Angola e Portugal é:*   *+ 2* ☐   *+8* ☐   *- 4* ☐

EXERCÍCIO O

Une as frases de forma a completá-las.

1. Na aula de Português,
2. Espalhados pela Europa,
3. No Luxemburgo,
4. Há mais de doze,
5. São mais de 300 quilómetros,

a. países na União Europeia.
b. vivem mais de cinquenta mil portugueses.
c. somos menos de vinte.
d. há mais de um milhão de portugueses.
e. de Faro ao Porto.

EXERCÍCIO P

Qual é a palavra que falta?

1. Há mais _____ mil pessoas no centro comercial.
2. O vestido custa _____ de 20 euros.
3. Ele come mais do _____ o pai.
4. Ela compra mais roupa _____ que o irmão.
5. O cachecol é _____ barato do que pensava.

COMPARAÇÕES

mais de / menos de
e
mais do que / menos do que

1. **mais de** e **mais do que** significam ambos *"maior número/quantidade"*, mas **mais de** é usado só com números.

   Ela fala mais do que um papagaio.
   O bilhete custa mais de 5 euros.

2. Entre **mais** e **do que** podemos usar:
   a) um substantivo, b) um adjectivo ou c) um advérbio.

   a) *Ela tem mais calças do que saias.*
   b) *Ele é mais brincalhão do que o filho.*
   c) *Ele corre mais depressa do que o treinador.*

3. As regras **1** e **2** aplicam-se também a **menos de** e a **menos do que**.

   Há menos de dez pessoas na sala.
   Ela chora menos do que a irmã.
   Ele é menos guloso do que a mãe.

EXERCÍCIO Q

Com base nos textos das imagens, descobre as adivinhas!

1. São mais de oito e menos de dez.
2. Fizeram-nos antes de 1483.
3. Quem navegou para além da foz do rio Zaire?
4. Quem procurava ventos menos fortes?
5. Governou depois de 1350.
6. Fornecia trigo antes de 1445.
7. Prolongou-se por mais de quatro séculos e menos de seis.
8. Foram descobertas mais tarde do que as outras.
9. Aconteceu depois de 10 de Novembro.
10. Quem partiu mais cedo do que os estrangeiros em busca de novas terras?

REPÚBLICA POPULAR DE ANGOLA

OS PRIMEIROS CONTACTOS DOS PORTUGUESES COM ANGOLA DATAM DE 1482 QUANDO O NAVEGADOR DIOGO CÃO ESTABELECEU RELAÇÕES AMISTOSAS COM AS CIVILIZAÇÕES AFRICANAS AO SUL DO EQUADOR. ESTE NAVEGADOR ULTRAPASSOU A FOZ DO RIO ZAIRE, CELEBROU UMA ALIANÇA COM O REI DO CONGO E FEZ RECONHECIMENTOS GEOGRÁFICOS DO LITORAL ANGOLANO. A PRESENÇA DOS PORTUGUESES EM ANGOLA DECORREU AO LONGO DE CINCO SÉCULOS E A SOBERANIA PORTUGUESA MANTEVE-SE ATÉ 11 DE NOVEMBRO DE 1975, QUANDO O NOVO PAÍS SE TORNOU INDEPENDENTE.

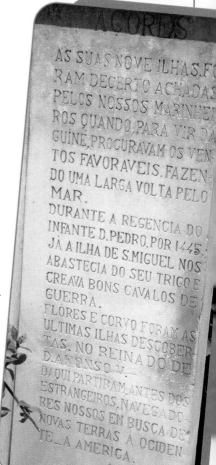

AÇORES

AS SUAS NOVE ILHAS FORAM DECERTO ACHADAS PELOS NOSSOS MARINHEIROS QUANDO PARA VIR DA GUINÉ, PROCURAVAM OS VENTOS FAVORAVEIS, FAZENDO UMA LARGA VOLTA PELO MAR. DURANTE A REGENCIA DO INFANTE D. PEDRO, POR 1445 JÁ A ILHA DE S. MIGUEL NOS ABASTECIA DO SEU TRIGO E CREAVA BONS CAVALOS DE GUERRA. FLORES E CORVO FORAM AS ULTIMAS ILHAS DESCOBERTAS, NO REINADO DE D. AFONSO V. DAQUI PARTIRAM ANTES DOS ESTRANGEIROS, NAVEGADORES NOSSOS EM BUSCA DE NOVAS TERRAS A OCIDENTE, A AMERICA.

Eu sou muito mais rápido do que a Tartaruga!

Eu sou muito mais charmosa do que o Ouriço!

António: "Pior do que lojas de roupa são lojas de comida. Todos os sábados, a minha mãe me pede para ir à padaria, ao talho, à mercearia e eu não vejo a hora de chegar a casa!"

CAPÍTULO 2

Laura: "Eu gosto de ir às compras, especialmente com amigos, mas também gosto de ir com a minha família. As minhas lojas preferidas são as lojas de decoração. A minha ambição é vir a ser decoradora de interiores, daí passar horas nas lojas a tirar ideias."

Alexandra: "A forma ideal de fazer compras para mim é através da Internet ou, então, por catálogo, pois não tenho grande paciência para andar de loja em loja à procura do que preciso. Assim, poupo tempo e solas dos sapatos!"

Miguel: "Eu não gosto muito de fazer compras, mas o tipo de lojas onde gosto mais de ir é às lojas de animais, porque adoro ver os gatos, os pássaros e, sobretudo, os cães."

EXERCÍCIO R

Completa as seguintes frases de forma a ficarem de acordo com as opiniões que acabaste de ler.

1. A Alexandra é _____ prática do que o António.
2. Ela quer gastar _____ tempo a fazer compras.
3. Ela gosta _____ de fazer compras pela Internet _____ ____ ir às compras nas lojas.
4. A Laura gosta _____ de ir às compras com a família _____ que com os seus amigos.
5. Ela mostra _____ interesse por lojas de decoração _____ _____ por outras lojas.
6. O António gosta _____ de lojas de roupa do _____ de comida.
7. Ele gosta _____ de fazer compras _____ que a Laura.
8. O Miguel gosta _____ de visitar lojas de animais _____ _____ outras lojas.
9. O animal de que ele gosta _____ é o cão.
10. A Laura gosta _____ de passar o tempo em lojas ____ _____ a Alexandra.

EXERCÍCIO S

Com os seguintes tipos de lojas, constrói dez frases comparativas.
Ex.: A ourivesaria vende artigos mais caros do que a loja de artesanato.

29

O MUNDO DA FAMÍLIA

EXERCÍCIO T

O Bruno recebeu uma mensagem de um correspondente. Transcreve para o teu caderno todas as palavras relacionadas com família que encontrares no seu texto e escreve a mensagem que o Bruno lhe enviaria de volta. Deverás descrever a família do Bruno e contar um pouco acerca da sua personalidade.

PARA: BRUNO@TTT.COM	ASSUNTO: *Acerca de mim ...*

TEXTO:

Olá Bruno!

Eu sou o teu novo correspondente e espero que fiquemos bons amigos.

O meu nome é Diogo Silva. Eu moro no Alentejo (em Moura) e estou a estudar no 9° ano. Eu vivo com a minha mãe Maria e com o meu padrasto. O meu pai vive também em Moura, mas eu só o vejo aos fins-de-semana. Tenho um meio-irmão (filho da minha mãe e do meu padrasto) que está no Brasil. No entanto, nunca estou sozinho, porque tenho três primos com quem conversar e brincar. De vez em quando, passo o fim-de-semana na casa das minhas tias, para brincar com os meus primos. Então e tu? Diz-me como és e com quem vives. Tens uma família grande?

Cá espero uma resposta tua. Até breve,

Diogo.

EU	TENHO
TU	TENS
VOCÊ ELE ELA	TEM
NÓS	TEMOS
VOCÊS ELES ELAS	TÊM

*Isabel - **Tens algum animal de estimação, Marco?***

*Marco - **Sim, tenho um cão.***

*Isabel - **Como é que ele se chama?***

*Marco - **Chama-se Pelé.***

*Isabel - **Pelé?! Porquê?***

*Marco - **Porque ele gosta muito de jogar à bola. E vocês? Têm algum animal de estimação?***

*Isabel - **Não, não temos porque a casa não tem jardim, mas gostava de ter um gato e uma tartaruga.***

EXERCÍCIO U

Com base nestes textos, faz três perguntas sobre a família de cada um destes jovens portugueses.

Horácio Antunes: "Tenho um irmão que tem dezassete anos e está numa escola profissional. O meu pai tem cinquenta anos e trabalha aqui (em Paris) há já vinte anos. Ele tem uma empresa de construção. A minha mãe tem trinta e sete anos e trabalha na empresa do meu pai."

Ivone Apura: "Os meus pais são portugueses como eu. Nós nascemos no norte de Portugal: eu nasci no Porto, mas fomos viver para Lisboa e, portanto, temos o conhecimento das duas culturas: do norte e do sul. O meu pai trabalha numa empresa internacional farmacêutica e, por vezes, tem de mudar de sítio e, como havia uma vaga aqui em França, viemos para cá."

Nadia Andrade: "O meu pai trabalha numa empresa de limpezas: a minha mãe também faz limpezas. Tenho um irmão mais velho que vai fazer vinte e quatro anos. O meu irmão e a sua namorada têm um filho que vai fazer dois anos. O meu irmão também é empregado de limpeza. A minha família está quase toda aqui em França. Os meus avós e alguns tios estão em Portugal, mas a maioria está aqui em França e vivem todos ao pé uns dos outros."

CAPÍTULO 2

POSSESSIVOS

	Um possuidor		Vários possuidores
Eu	o(s) meu(s) primo(s) a(s) minha(s) irmã(s)	Nós	o(s) nosso(s) primo(s) a(s) nossa(s) irmã(s)
Tu	o(s) teu(s) primo(s) a(s) tua(s) irmã(s)	Vocês	o(s) vosso(s) primo(s) a(s) vossa(s) irmã(s)
Você/ O Sr./A Sra.	o(s) seu(s) primo(s) a(s) sua(s) irmã(s)	Os Srs./ As Sras.	o(s) vosso(s) primo(s) a(s) vossa(s) irmã(s)

EXERCÍCIO V

Escreve as seguintes frases, utilizando os possessivos indicados no quadro.

Exemplo:
Eu tenho uma casa. É a minha casa.
Tenho dois primos. São os meus primos.

1. Eu tenho uma bicicleta.
2. Nós temos um apartamento.
3. Eu e tu temos muitos amigos.
4. Vocês têm muitos livros.
5. Tu tens um periquito.
6. Tu e o teu primo têm muitos CDs.
7. A Sandra e a Ana têm mochilas novas.
8. Eu tenho duas gatas.
9. O Pedro tem um computador.
10. Os meus tios têm uma vivenda.

EXERCÍCIO W

1. **Responde a este teste da melhor forma possível.**

a) *Como é que os teus pais se conheceram?*
b) *Quantos anos tinham quando se casaram/juntaram?*
c) *Quantos anos tinha a tua mãe quando tu nasceste?*
d) *O nome que te deram tem algum significado especial para eles?*
e) *Como se chamam os teus bisavós?*

2. *Recebes um teste com uma nota fraca. Tu:*

a) *mostra-lo aos teus pais, prometendo que farás melhor;* ❑
b) *aterrorizado/a, esconde-lo a correr;* ❑
c) *mentes aos teus pais, dizendo que tiveste uma nota estupenda.* ❑

3. *Queres sair à noite com os teus amigos. Os teus pais:*

a) *proibem-te imediatamente de sair à noite;* ❑
b) *deixam-te ir, mas exigem que não chegues muito tarde a casa;* ❑
c) *deixam-te sair sem quaisquer problemas.* ❑

4. *Queres conversar com os teus pais sobre educação sexual. Eles:*

a) *evitam a conversa;* ❑
b) *dizem que ainda és muito novo/a para conversares sobre esses assuntos;* ❑
c) *respondem às tuas perguntas e têm uma conversa aberta contigo.* ❑

5. *Apresentas a/o tua/teu namorada/o aos teus pais. Eles:*

a) *ficam irritados contigo por já estares a namorar;* ❑
b) *tentam conhecê-lo/a antes de darem a sua opinião;* ❑
c) *põem todos os defeitos do mundo no/a pobre coitado/a.* ❑

31

Aparência física:
pessoas, animais, ...

Acções

Objectos, locais,
estações do ano,
costumes, sensações,
cheiros...

**DESCREVER É . . .
COLORIR O MUNDO!**

**Personalidade
Temperamento
(sentimentos)**

Acções:

O que estão estas pessoas a fazer?

A menina **está a** andar de patins.

A senhora **está a** dar milho aos pombos.

Eles **estão a** pescar.

Quando queres descrever o que alguém está a fazer nesse preciso momento, usa esta estrutura:

→ **ESTAR A + INFINITIVO DO VERBO**

EXERCÍCIO X

a) Olha à tua volta e tenta descobrir...
quem está a conversar;
quem está a escrever;
quem está a trabalhar;
quem está a sonhar acordado/a.

b) O que estará... a fazer neste momento...
a tua mãe?
o teu pai?
o(s) teu(s)/as tua(s) irmãos/irmãs?
o teu amor secreto?

c) O que gostarias TU de estar a fazer neste momento???

Sensações

EXERCÍCIO Y

① **O que está a provocar um perfume tão agradável??? Um prato de culinária? Uma mulher? Uma flor? Discute todas as hipóteses possíveis e opta por uma, justificando a tua escolha.**

O cheiro depressa perfumou a casa e Ernesto, com prazer, exclamou:
Que maravilha! Que aroma inebriante...
Estava desejoso por ver e sentir o que estava por detrás daquele odor tão agradável!
Começou logo a recordar o seu aspecto, o seu sabor... abriu a porta e ali estava como que a chamar por ele...

MISTÉRIO!!!

② **Faz tu agora uma descrição deste género, lê-a à tua Turma e vê que hipóteses levanta.**

Personalidade

Macário que tinha visto naquela visita uma revelação de amor, quase uma declaração, esteve todo o dia entregue às impaciências amargas da paixão. Andava distraído, abstracto, pueril, não deu atenção à escrituração, jantou calado, sem escutar o tio Francisco que exaltava as almôndegas, mal reparou no seu ordenado que lhe foi pago às três horas...

"Singularidades de uma rapariga loira", Contos de Eça de Queirós

Como tem andado Macário ?

Descrição directa...	Descrição indirecta...
☆ distraído	☆ "entregue às impaciências amargas da paixão"
☆ abstracto	☆ impaciente e apaixonado
☆ pueril (infantil)	☆ "não deu atenção à escrituração"
☆ calado	☆ desatento, distraído

Personalidade e aparência física

EXERCÍCIO Z

No jornal Encontros Imediatos aparecem os seguintes anúncios de pessoas que se querem corresponder com outras. Lê cada um com atenção e decide a qual deles (não) gostarias de responder e porquê. Em seguida, responde a um deles.

Sexo feminino, cheguei!! Jovem de vinte anos, cabelo louro e lustroso, 1,80m, musculoso, olhos esverdeados, desportivo, procura rapariga entre 15 a 22 anos para confraternização. Deverá ser linda de morrer (tipo modelo), mostrar interesse em actividades desportivas e saber limpar bem a casa. Não tem de ser muito inteligente. Se não me contactares, nunca saberás o que estás a perder!!

Olá a todos! Chamo-me Mariana, meço 1,70m de altura e peso 54 kg. Estou a estudar na escola secundária (tenho 16 anos), tenho cabelos longos, negros e olhos castanhos escuros. Vivo com a minha família no topo de uma montanha. A minha mãe é feiticeira e o meu pai bruxo. Eu ainda não sei o que quero ser: ou cartomante ou vidente. Pretendo conhecer rapazes entre os 15 e os 25 anos. Devem ter uma personalidade aberta e serem destemidos. Um beijo e cá vos espero!

Oi! Sou uma moça brasileira com muita personalidade que procura conhecer um rapaz charmoso e simpático para troca de amizade. Não interessa a idade. Tenho cabelo curto, castanho, ondulado e olhos azuis. Peso 90 Kg e tenho 1,40m de altura. Gosto de ler, passear e paquerar! Também sou uma ótima conselheira e posso ajudar você em qualquer problema da sua vida. Me contacta depressinha, tá?

Sou um rapaz de dezassete anos. Não sou muito alto, tenho uma cara e um corpo perfeitamente banais. Não tenho muitos interesses para além da escola, mas sou muito simpático (ainda que tímido). Gostaria de conhecer mais raparigas da minha idade com personalidade vincada, mas sensíveis. Devem gostar de ler e de conversar. Não interessa o aspecto físico.

AONDE
PERTENCES?

Catie, portuguesa no Luxemburgo
"Vivo aqui há catorze anos e gosto de cá viver.
Comparando com Portugal..., eu adoro Portugal porque só lá vou uma vez por ano. Mas nasci aqui, os meus colegas estão todos aqui e acho que não me via muito bem a fazer uma vida em Portugal."

EXERCÍCIO A

Quem pensaria o seguinte? José, Cleici, Salim, Catie ou André?

1. *Quem concordaria com a ideia de que as origens são mais importantes do que o local onde se vive?*
2. *Quem pensa que o lar não é necessariamente onde se nasce, mas onde se tem o coração?*

José, português em Bruxelas
"Gosto muito de viver em Bruxelas, porque tenho aqui muitos amigos. Eu agora não tenho muitos amigos em Portugal porque esqueci todos. Estou mais habituado aqui."

Cleici, cabo-verdiana em Madrid
"Gosto de viver em Madrid, mas gostava mais de Cabo Verde. A convivência lá é muito melhor do que a daqui. Lá, as cidades são mais pequenas e os pais têm menos medo de deixar sair os filhos. Eu lá tinha muito mais liberdade do que aqui. Gostaria de voltar a viver lá."

BLA BLA

Não sei onde nasci, mas o país onde vivo é a minha casa principal.

Gráfico da população de Cabo Verde em milhares

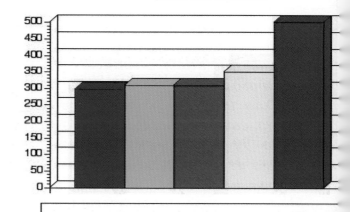

André, português em Amesterdão
"Eu nasci aqui na Holanda e gosto muito de aqui morar porque tenho muitos amigos. Gostaria de continuar a viver aqui."

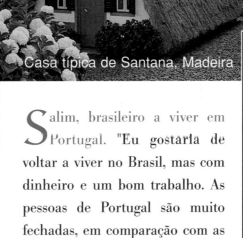

Casa típica de Santana, Madeira

Salim, brasileiro a viver em Portugal. "Eu gostaria de voltar a viver no Brasil, mas com dinheiro e um bom trabalho. As pessoas de Portugal são muito fechadas, em comparação com as do Brasil."

EXERCÍCIO B
Responde às perguntas.

1. *Qual é a razão que o José e a Catie dão para preferirem viver em Bruxelas e no Luxemburgo em vez de Portugal?*
2. *Cleici prefere as cidades de Cabo Verde às de Espanha. Porquê?*
3. *Para Salim, que diferença de temperamento há entre Portugueses e Brasileiros?*
4. *A opinião do André vai ao encontro de duas outras opiniões. Quais?*
5. *E tu? Que nacionalidade consideras ter? Onde preferes viver? No teu país de origem ou onde te encontras a viver agora? Escreve um texto no qual exprimas a tua opinião.*

À Procura de um TECTO

Na agência imobiliária…

Ouriço — Boa tarde! Ando à procura de uma casa relativamente barata.

Empregado — O Senhor pretende comprar ou arrendar?

Ouriço: — (pensando nos dois ou três euros na sua algibeira) Arrendar.

Empregado — Que tipo de casa deseja?

Ouriço — Um apartamento jeitoso ou uma vivenda que não seja muito cara. O importante é que fique longe da casa daquela tartaruga que costumava andar comigo!

Então, não é que disse a uma ouriça (muito jeitosa, por sinal) que eu tinha PARASITAS?!

EXERCÍCIO C

Observa as seguintes fotografias e decide a quais se referem as seguintes afirmações.

1. Da minha casa, vejo a praia e o mar.
2. A minha moradia é muito grande e está construída em estilo clássico.
3. Eu vivo num prédio decorado com azulejos.
4. A minha casa só tem rés-do-chão.
5. Moro nas águas-furtadas.

Casa de Mateus, Vila Real

Braga

EXERCÍCIO D

Que casa aconselhas a cada uma destas pessoas?

Casa rústica — moradia — apartamento

1. *Eu gosto de aventuras e de experimentar coisas novas.*
2. *Eu tenho uma família grande e preciso de bastante espaço e de privacidade.*
3. *Sou uma pessoa moderna e prática que gosta de viver no meio dos acontecimentos.*

Costa Nova, Portugal

Brasil

EXERCÍCIO E

Responde às perguntas com base nas fotografias.

1. *Em qual destas casas gostarias de:*
   - *passar férias?*
   - *passar a tua lua-de-mel?*
   - *viver todos os dias?*
   - *passar um fim-de-semana?*
2. *Que principais diferenças de estilo encontras nestas casas?*
3. *O que diria o ouriço acerca de cada uma delas?*

Hummm... uma moradia com quatro assoalhadas; um jardim atrás e outro mais pequeno à frente. Duas janelinhas brancas e uma porta castanha na fachada. Teria dois andares e um sótão também com escadas interiores. Teria azulejos por fora ou então seria pintada de cor-de-rosa clarinho. Teria um estilo prático mas, ao mesmo tempo, requintado. Com ou sem parasitas, aquela ouriça não vai resistir quando vir a minha nova casa!!

O ouriço sonha com a sua nova casa.

EXERCÍCIO F

1. *Procura 5 diferenças entre a casa de sonho do ouriço e a casa (à direita) que o agente imobiliário lhe vai mostrar.*
2. *Escreve um diálogo entre o ouriço e o agente imobiliário, quando este lhe mostrar a casa.*
3. *Imagina a reacção da ouriça se ela pensasse que o ouriço tinha comprado esta casa.*

Caderno > C, D, E

Guarda (Judiaria)

37

SÓ PARA MEDIADORES LICENCIADOS

ALUGA-SE, COMPRA-SE,
VENDE-SE

—Quem casa, quer casa...

apoio de:

MENOS JOVENS COMPRAM CASA

Menos jovens compram casa com as novas regras de crédito bonificado.

As transacções caíram 40 por cento. Está a estudar-se uma solução que não seja tão prejudicial para os jovens que pretendam adquirir casa.

21 385 20 06

EXERCÍCIO G

I) Responde às seguintes perguntas.

1. *Porque é que os jovens têm mais problemas em comprar casa do que as pessoas mais velhas?*
2. *Com que idade os jovens saem da casa dos seus pais, no país onde vives?*
3. *Explica o sentido do provérbio "casamento, apartamento".*
4. *O que devem os jovens fazer para conseguirem ajuda para comprar uma casa?*

II) Observa a fotografia e escolhe a opção correcta.

1. Programa de revitalização urbana significa:
   a) melhorar o estado das casas numa área;
   b) construir uma nova cidade;
   c) demolir uma zona de uma cidade.
2. O programa prevê:
   a) construção de novas habitações;
   b) melhoramento total das habitações existentes;
   c) arranjo parcial das casas e jardins.

PRECISA-SE DE ARMAZÉM
ZONA DE SINTRA
... de escritório, pé-direito 8/9 m.
... m2. URGENTE
POVIMÉDIA 1940 AMI
Tel.: 21 816 60 04 / 05

XXI **Vilamoura**

PROGRAMA DE REVITALIZAÇÃO URBANA

Condições especiais na pintura de exteriores e arranjo de jardins

Aconselhamento técnico personalizado

Prémios para os melhores trabalhos de recuperação e manutenção

Sorteio final entre todos os participantes

PARA INFORMAÇÕES:
GABINETE DE APOIO AO PROGRAMA
TEL.: 089 . 38 84 07

Alugo casa com 2 assoalhadas, cozinha (sem armários), casa de banho moderna com duche e banheira (a sanita encontra-se no exterior a 1/2 Km da casa), sala com janela (voltada para a lixeira). Situada relativamente perto do centro da cidade (1h55m);
Não perca esta oportunidade! Preço imbatível!
Contacte: Pedro Aldrabão, tel. 223 222 333
Nota: é possível que chova na sala e no quarto

Estúdio em São Paulo (aluga-se)
Totalmente mobilado
Frente a jardim público
5 min. do centro comercial
Garagem

Moradia em Macau
1. 7 assoalhadas
2. 2 cozinhas espaçosas
3. 3 casas de banho
4. Varanda ampla

Quase nova e em excelente condição!
Contactar: Agência Euro-Ásia
Tel. 03-345544

SENSO 1297 AMI
Tel.: 21 3845736

CASCAIS
APART 4 ASS

ESTALAGEM
ARRAIOLOS

mansão centenária (venda)

* Vista sobre o rio;
* 15 assoalhadas;
* 3 cozinhas;
* 4 casas de banho de luxo;
* 2 salões com varanda;
* Escadas interiores em mogno;
* 2 lareiras;
* Aquecimento central;
* 2 garagens com portões automáticos;
* Amplo jardim com lago.

Contacto: Agência Milionária
Fax: 212 343 242

APARTAMENTO em Cascais

- Novo;
- 4 assoalhadas;
- Ar condicionado;
- Salão com lareira;
- Cozinha completa;
- Sistema moderno de segurança;
- Jardim e piscina comuns;
- 15 minutos da praia.

Contactar: tel. 211 444 555

VENDE-SE LOJA Nº 7 BEM SITUADA 80 m/2 COM CAVE E GRANDE ESPLANADA • TEL. 012754204 •

EXERCÍCIO H

Completa os elementos da coluna A com os elementos da coluna B.

a)		b)	
1.	vídeo	a.	canalizado
2.	gás	b.	central
3.	lavatório	c.	individual
4.	garagem	d.	roupeiros
5.	cozinha	e.	porteiro
6.	quartos com	f.	acessível
7.	aquecimento	g.	equipada
8.	preço	h.	embutido
9.	excelentes	i.	hidromassagem
10.	banheira de	j.	acabamentos

EXERCÍCIO I

Lê o anúncio publicitário.

1. Identifica o slogan e o texto de argumentação.
2. A que público se destina este anúncio?
3. Resume o comentário, não excedendo duas frases.

TERRENO vende-se em Angola
* 4 lotes
* Árvores de fruta
* Poço com profundidade
* Muro a delimitar a área
* Zona agradável
Contactar: Tel.: 232 323 233

A SUA CASA DE PRAIA, RIO E CAMPO = 3 EM 1

Desde 300 euros mensais
Viana do Castelo

Um local onde o melhor espera por si. Uma casa de praia, rio e campo para desfrutar todos os fins-de-semana, num complexo com piscina coberta (aquecida) e descoberta, campo de ténis, squash, banheira de hidromassagem, sauna, musculação, uma marina para prática de quase todos os desportos aquáticos. Venha ver hoje mesmo e passe este Verão já aqui!

DE PORTAS FECHADAS

EXERCÍCIO J

Qual é a imagem que tem...

- uma torneira?
- copos, pratos e talheres?
- um candelabro?
- dois armários?
- um vaso?
- três carpetes?
- cortinados?
- uma mesa-de-cabeceira?
- um candeeiro?
- um escaparate?

EXERCÍCIO K

Com base nas imagens, completa as frases com a divis... da casa adequada.

A imagem 1 é um/a _____

A imagem 2 é um/a _____

A imagem 3 é um/a _____

A imagem 4 é um/a _____

Carina Teles: "Temos uma casa com rés-do-chão e primeiro andar. No 1º andar, temos os quartos (o dos meus pais e o meu); no rés-do-chão, temos a sala, o escritório do meu pai, a sala de jantar, a cozinha, a casa de banho e um jardim pequenino."

Mas porque é que temos de viver todos na mesma casa? Eu candidatei-me a um emprego, não a uma família.

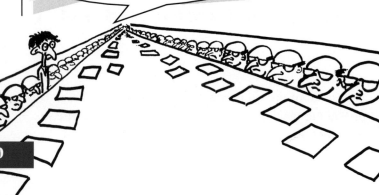

EXERCÍCIO L

Com base nas entrevistas, responde às perguntas.

1. Quantas assoalhadas tem a casa da Carina?
2. E a vivenda da Tzira?
3. Qual é a diferença entre apartamento e vivenda?
4. Qual é a parte pertencente à casa que não existe no apartamento do Marco e existe nas casas da Carina e da Tzira?
5. Quem te parece que tem uma casa maior?

EXERCÍCIO M
Escolhe a palavra correcta.

1. Na imagem 3, o soalho é de: alcatifa/ madeira/tijoleira.
2. Na imagem 4, a parede é de/tem: pedra/ azulejo/papel de parede.
3. Na imagem 2, as camas são de: plástico/ ferro/madeira.
4. Na imagem 1, as panelas são de: pedra/ plástico/alumínio.
5. Na imagem 3, as cadeiras amarelas ao longe são de: verga/plástico/tecido.

Tzira Correia:
"Moro numa vivenda. Tem dois andares, três quartos, uma casa de banho, uma sala relativamente grande, uma cozinha pequena e um jardim."

Marco Braga:
"Vivo num apartamento. O apartamento tem três assoalhadas: dois quartos, uma sala, uma cozinha e duas casas de banho."

EXERCÍCIO N
Tu e a tua casa:

1. Quantas assoalhadas tem a tua casa?
2. Em que tipo de habitação moras?
3. Quantos andares tem?
4. A tua casa foi comprada ou alugada?
5. Quantas janelas tem na fachada?
6. De que cor está pintada?
7. Tens jardim? Se sim, descreve-o.
8. De que material é feito a fachada?
9. Qual é a divisão de que gostas mais?
10. Descreve uma desvantagem da tua casa.

QUARTO = REFÚGIO

Acordou às 8 da manhã com o som do alarme. Olhou em seu redor. O quarto estava escuro; a persiana impedia a luz de entrar e as cortinas protegiam-no do mundo exterior. O seu gato dormia profundamente em cima do cobertor e os lençóis de flanela aconchegavam-no. As suas pantufas, à beira da cama, pareciam-lhe estar a quilómetros de distância. O roupeiro, à esquerda no quarto, deixava entrever o uniforme escolar e a secretária, em frente, mostrava os deveres escolares ainda por terminar. Ao lado da cama, na mesa-de-cabeceira, o candeeiro continuava apagado, mas o despertador, dentro da gaveta, continuava sempre a marcar cada segundo e minuto que passava.

— É tempo de te levantares, Bruno. Vais chegar tarde à escola! — disse a mãe, levantando a persiana. De repente, um banho de luz inundou o quarto e os sons da rua testemunhavam que o dia já tinha nascido.

EXERCÍCIO O

Lê o texto e responde às perguntas usando alguns dos advérbios de lugar na lista à direita.

1. *Onde se encontra o Bruno?*
2. *Onde dorme o seu gato?*
3. *Onde estão as suas pantufas?*
4. *E o roupeiro?*
5. *Onde fica a secretária?*
6. *Onde está a mesa-de-cabeceira?*
7. *Onde se encontra o despertador?*
8. *Onde está o candeeiro?*
9. *E o uniforme escolar?*
10. *Onde pôs o Bruno os deveres escolares?*

ADVÉRBIOS DE LUGAR

- Em cima de
- Debaixo de
- No centro de / No meio de
- Entre (uma coisa e outra)
- À esquerda de
- À direita de
- À frente de / Em frente
- No canto (de)
- Atrás de
- Dentro de
- Fora de
- À beira / Junto de

EXERCÍCIO P

Observa a imagem e responde às perguntas.

1. *Onde se encontra a mesa rectangular em relação à sala?*
2. *Onde se encontra o vaso com a planta?*
3. *Onde se encontra a mesinha quadrada em relação aos sofás?*
4. *Onde se encontra o cinzeiro?*
5. *Onde se encontra a mesa quadrada em relação ao candeeiro?*
6. *Onde está a parede em relação aos quadros?*
7. *Onde se encontra a mesa quadrada em relação ao sofá da direita?*

COMO É O TEU QUARTO?

Sílvia:
"O meu quarto é muito pequeno, porque tenho de o partilhar com a minha irmã. O quarto tem duas camas e uma mesa pequena."

Marco: "O meu quarto é muito grande: tem um beliche, uma escrivaninha, duas janelas, um roupeiro e uma cómoda."

Se visses o meu quarto, morrias de inveja!

BLÁ BLÁ

Maribel: "O meu quarto é muito grande, é no sótão. Tenho lá muitas coisas: uma televisão, uma aparelhagem de som, uma cama para dormir, uma colecção de livros portugueses e holandeses."

> Brasil, 20 de Setembro
>
> Querida mãezinha,
>
> Cheguei bem. A Universidade parece ser boa e a residência onde estou é óptima! O meu quarto é enorme: tenho uma cama dupla só para mim, uma secretária com gavetas e uma estante que já enchi de livros de estudo. Tem três quadros na parede com imagens de pintores clássicos, um candeeiro de pé alto, duas janelas com vista para o jardim, uma cómoda e um guarda-vestidos com cabides. Tenho televisão e uma aparelhagem de som. Os cortinados são bonitos e condizem com a colcha da cama. Enfim, é um espanto!
> Um grande beijinho do seu filho,
>
> Diogo

EXERCÍCIO Q

1. *Encontra dez diferenças entre a descrição do Diogo e a imagem verdadeira do seu quarto.*

2. *A mãe do Diogo vem visitá-lo de surpresa e só o avisou com meia hora de antecedência. Faz uma lista das arrumações e alterações que o Diogo precisa de fazer para que o seu quarto se assemelhe o mais possível à descrição que ele fez à sua mãe.*

43

TANTA GENTE SEM CASA, TANTA CASA SEM GENTE

Atenta nas pessoas que responderam ao anúncio do Bruno.

ATENÇÃO!
Jovem estudante procura companheiro/a para partilhar apartamento espaçoso e bem localizado no centro da cidade. A renda é barata.
Se estiver interessado/a, por favor, contacte:
Bruno Guerreiro, Tel.: 223 409 999

O meu nome é Pedrinho. Tenho dez anos e estou a estudar. **Fugi** de casa porque os meus pais **gritaram** comigo por ter tido só "Suficiente" num teste em vez de "Muito Bom", como é usual. Estou seriamente a considerar a hipótese de me tornar num rebelde, mas até me decidir preciso de uma casinha quente e confortável para me dar coragem.

Eu sou a Maria. Neste momento, estou desempregada porque **bati** no meu patrão e **tentei** incendiar o escritório três vezes. Mas não se preocupe que dentro de três a quatro meses, certamente, poderei pagar a renda.

Chamo-me Graciete e tenho 82 anos. Estou reformada. Infelizmente, o meu senhorio **mandou-me** embora porque não **aceitou** os meus amiguinhos. Tenho uma iguana, um cágado, três papagaios, dez gatos e dois aquários.

Eu sou o Manel, mas toda a gente me trata por "Dedinhos Leves", pois gosto de "gamar" tudo o que vejo! **Saí** da prisão na semana passada. **Estive** lá 5 anos por roubo e tentativa de homicídio. Mas agora estou limpo. **Aprendi** a minha lição! Até ando a varrer as ruas. Por acaso tem uma TV a cores em casa?

"Vamos partilhar o apartamento com o Bruno."

EXERCÍCIO R

Baseando-te nos anúncios, decide se cada afirmação é verdadeira, ou falsa, ou não se sabe.

O quê?! Ainda não começaste a fazer este exercício? Do que estás à espera?

1. *A Graciete trabalha com animais.*
2. *O Pedrinho é bom aluno.*
3. *O Manel é um ex-presidiário.*
4. *A Graciete tem dois répteis.*
5. *A Maria não vai ter problemas em pagar a renda do apartamento.*
6. *Os pais do Pedrinho não são muito exigentes com a educação dele.*
7. *O Manel, neste momento, encontra-se desempregado.*
8. *O senhorio da Graciete não gosta de animais.*
9. *O "Dedinhos Leves" tentou matar alguém no passado.*
10. *O patrão da Maria despediu-a.*

EXERCÍCIO S

1. *Achas que o Bruno vai escolher alguma destas pessoas para seu/sua companheiro/a de apartamento? Explica oralmente a tua opinião.*

2. *Vais agora escrever duas respostas ao anúncio do Bruno: uma cómica e outra séria. Usa alguns verbos no Pretérito Perfeito do Indicativo.*

Os verbos que estão a negro nos anúncios estão no Pretérito Perfeito Simples. Este tempo verbal indica uma acção plenamente realizada no passado.

O quadro ao lado explica como se forma o Pretérito Perfeito Simples dos verbos regulares.

Pretérito Perfeito Simples

	-ar	-er	-ir
Eu	falei	comi	fugi
Tu	falaste	comeste	fugiste
Ele	falou	comeu	fugiu
Nós	falámos	comemos	fugimos
Eles	falaram	comeram	fugiram

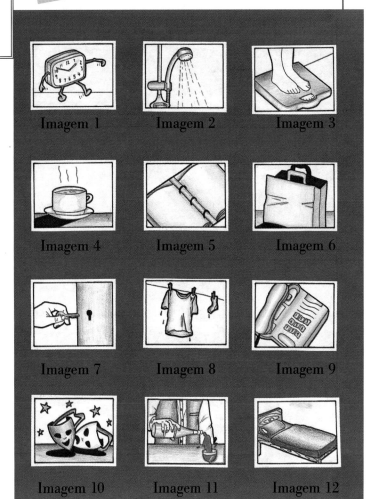

Imagem 1   Imagem 2   Imagem 3

Imagem 4   Imagem 5   Imagem 6

Imagem 7   Imagem 8   Imagem 9

Imagem 10   Imagem 11   Imagem 12

EXERCÍCIO T

Com base nestas imagens, escreve frases, usando os verbos no Pretérito Perfeito Simples.

Aposto contigo em como consigo fazer esta tarefa mais depressa do que tu!

①

②

③

④

EXERCÍCIO U

A que fotografias correspondem estes postais?

Patinar de carapaça é um espectáculo!

Ⓐ

15 de Julho

Queridos pais,
Isto aqui é muito divertido.
Está muito calor e vamos à
praia todas as manhãs. O
céu está sempre limpo e
não há vento.
À noite, vamos à discoteca.
Beijinhos,

Sónia

Ⓑ

2 de Fevereiro

Querida Izzy,
Está um frio de rachar em
Amesterdão (nada como aí). Os
canais congelaram e temos patinado
todos os dias. Tudo é gelo à nossa
volta (bbrr!).
Um abraço,

Daniel

Ⓒ

22 de janeiro
Oi João, tudo bem?
Por aqui está muito frio. Tem neva-
do todos os dias e temo-nos diver-
tido imenso! Amanhã vamos esquiar.
Hoje, fizemos um boneco de neve e
atirámos bolas de neve uns aos ou-
tros! Até breve, José

Ⓓ

Olá mana!
O tempo está horrível! Chove todos os
dias e já começa a fazer frio. Não temos
passeado muito, pois temos de andar
sempre com o chapéu-de-chuva atrás.
Hoje, fomos fazer compras, pois está só a
chuviscar.
Um Xi Y,

Ana

BOLETIM METEOROLÓGICO

Previsão para hoje do Instituto de Meteorologia

☀ Vila 12°C
• Real 26°C

☀ • Porto 16°C
24°C

PORTUGAL

☀ Castelo 13°C •
Branco 32°C

☀ Lisboa 19°C
27°C

☀ Beja 18°C
28°C

☀ Faro 16°C
29°C

ORES

☀ lores 21°C
25°C

☀ P.Delgada 21°C
23°C

Faial 18°C ☀
24°C

ARQUIPÉLAGO DA MADEIRA

☀ Funchal 22°C
27°C

	mín.	máx.
VILA REAL	12	26
PORTO	16	24
CAST. BRANCO	13	32
LISBOA	19	27
BEJA	18	28
FARO	16	29
FLORES	21	25
HORTA	18	24
P. DELGADA	21	23
FUNCHAL	22	27

	mín.	máx.		mín.	máx.
Madrid	19	33	Genebra	18	26
Londres	14	23	Roma	18	32
Paris	15	24	Oslo	13	24
Bruxelas	13	17	Berlim	14	23
Amesterdão	13	19	Atenas	20	33

EXERCÍCIO V

Corrige as seguintes afirmações, de acordo com a informação contida nesta página.

1. *Madrid é a cidade mais quente da Europa, hoje.*
2. *A cidade portuguesa com a temperatura mínima mais baixa é Castelo Branco.*
3. *Este boletim meteorológico foi registado no Inverno.*
4. *Lisboa é a segunda cidade mais quente da Europa, hoje.*
5. *O Algarve registou a temperatura máxima mais elevada no País.*

Está-se bem...

Mais um segundo e eu viro pinguim!

HOJE ESTÁ SOL, AMANHÃ NÃO SABEMOS

EXERCÍCIO W

Faz corresponder cada frase à respectiva imagem.

1. Está a chover.
2. Está muito nublado.
3. Está muito calor.
4. Está nevoeiro.
5. Está a nevar.
6. Está a cair granizo.
7. Que ventania!
8. Está a trovejar.
9. O sol está encoberto.

EXERCÍCIO X

Lê as quadras e escreve a palavra que falta em cada uma delas.

ESTAÇÕES DO ANO

Primavera
Verão
Outono
Inverno

Oh! Magnífica estação!
Trazes, de novo, contigo, o cantar dos pássaros,
O céu azul, a leve brisa e a alegria no coração
...
Sem ti, ó _____, o Mundo seria uma prisão!

Chuva, granizo e ventania
Nevoeiro, humidade e alergia
Escuridão, constipação e arrelia
É assim que o _____
nos inebria!

Estávamos, então, no
_____
Ah! Lindos dias de sol e de muito calor!
Temporada de praia, alegria e de amor!
Que estes curtos meses nos dão!

É uma tarde de fim de _____
E as folhas das árvores continuam a cair;
O sol, já cansado, boceja com sono
E os pássaros começam a fugir!

São Pedro prega a partida outra vez!

NOTÍCIA

Hoje às 8h30m da manhã, dois veículos colidiram na auto-estrada na direcção Sul-Norte, provocando dois mortos e um ferido. A Brigada de Trânsito já se encarregou do caso e atribui ao mau tempo a principal causa do infeliz acidente.

Pensa-se que um dos condutores terá feito uma travagem brusca devido ao forte nevoeiro que se verificava àquela hora da manhã.

A identidade das duas famílias envolvidas no acidente ainda não foi divulgada.

Carta de Pedro Pinheiro, estudante nos Açores:

Olá, como estás? Obrigado pela tua carta. Gostei de receber notícias tuas!

Tal como tu, eu também gosto de sair, ir ao cinema e às discotecas. Já começaste os preparativos de Natal? Em que dia entras de férias? Aqui, em Ponta Delgada, já começaram a enfeitar a cidade toda com luzes, o que já dá um certo ar de Natal. Infelizmente, o tempo fez questão de acompanhar esses preparativos! A temperatura desceu um pouco e tem estado a chover quase o dia todo! Bom, fico à espera de mais notícias.

Beijinhos para ti,

Pedro

Joana ao telefone...

"Tu nem vais acreditar ! Então não é que desde que cheguei à Serra da Estrela que a neve parou de cair?! A fina camada de neve que existia já começou a derreter e eu toda equipada para esquiar! Sem neve, o que é que eu vou fazer aqui?"

Hoje, vou preparar um jantar à luz das velas para a minha namorada. Já rezei a São Pedro para fazer cair uma carga de água para tornar o jantar mais romântico!

OS MESES DO ANO

Janeiro
Fevereiro
Março
Abril
Maio
Junho
Julho
Agosto
Setembro
Outubro
Novembro
Dezembro

Ontem	Agora	Amanhã
Choveu	Está a chover / chove	Vai chover
Esteve nublado	Está nublado	Vai estar nublado
Caiu granizo	Está a cair granizo	Vai cair granizo
Nevou	Está a nevar	Vai nevar
Esteve / Fez muito frio	Está / Faz muito frio	Vai estar / fazer muito frio
Esteve / Fez muito calor	Está / Faz muito calor	Vai estar / fazer muito calor
Esteve / Fez sol	Está / Faz sol	Vai estar / haver / fazer sol
Esteve / Fez muito vento	Está / Faz muito vento	Vai estar / fazer muito vento
Fez (houve) trovoada / trovejou	Está a fazer (haver) trovoada / trovejar	Vai trovejar / Vai fazer (haver) trovoada

Sabias que os Portugueses se lançaram ao mar em busca de novos mundos?

Lê o quadro que se segue e descobre algumas das viagens feitas pelos nossos corajosos antepassados.

Data	Reinado	Terra descoberta pelos Portugueses	Responsável pela expedição
1415	D. João I	Ceuta (conquista)	
1418		Ilha da Madeira	
1424		Ilhas Canárias (expedição)	
1427		Ilha dos Açores	Diogo de Silves?
1434	D. Duarte	Cabo Bojador (passagem)	Gil Eanes
1445	Regência do Infante D. Pedro e Rei D. Afonso V	Cabo Verde (descoberta)	Dinis Dias
1460		Serra Leoa	Pero de Sintra
1471		Ilhas do Príncipe e de São Tomé (descoberta)	
1472		Terra Nova (descoberta)	Gaspar Corte Real
1473		Equador (passagem)	Lopes Gonçalves
1487	D. João II	Cabo da Boa Esperança (passagem)	Bartolomeu Dias
1498	D. Manuel I	Índia	Vasco da Gama
1500		Brasil	Pedro Alvares Cabral
1506		Ceilão	Lourenço de Almeida
1514		China	Jorge Álvares

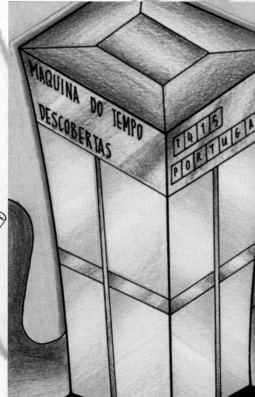

EXERCÍCIO A

Responde às perguntas.

1. Que ano marca o início dos Descobrimentos?
2. Madeira e Açores. Qual foi a primeira ilha a ser descoberta?
3. Quem ultrapassou o Cabo Bojador?
4. Durante a regência do Infante D. Pedro, qual foi o continente mais explorado pelos Portugueses?
5. Em que ano foi descoberto Cabo Verde? Por quem?
6. Como se chama o cabo que Bartolomeu Dias passou?
7. Quem descobriu o Caminho Marítimo para a Índia?
8. Em que ano foi descoberto o Brasil?
9. Quantos anos separam a chegada à Índia da chegada a Ceilão?
10. Gostarias de ter sido um explorador e ter descoberto novas terras? Se sim, que terra(s) gostarias de ter descoberto? Porquê?

EXERCÍCIO B

Lê as adivinhas e descobre os nomes dos dois navegadores. Recorre ao quadro da página anterior para te ajudar.

Quem são ?

Reinado de D. Manuel I
a nascer um grande aventureiro;
o chegou à Índia, China ou Ceilão
as colocou noutra terra o Padrão!*

00 foi a data da vitória
e deu a Portugal uma grande glória;
vares foi o 2° nome que Deus lhe deu
terna fama o que a História lhe
[concedeu!

Extraordinário aventureiro
Navegou para além do Bojador,
Corajoso e destemido marinheiro
Ultrapassou medo, doença e dor!

Em terras do Oriente desembarcou
e a Índia ficou mais perto,
Aí a sua busca terminou
e um novo caminho foi aberto!

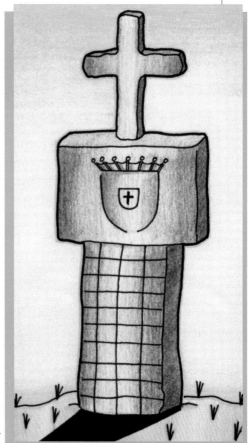

*Padrão: monumento de pedra que os Portugueses colocavam nas terras que iam descobrindo como sinal de posse.

EXERCÍCIO C

O mapa mostra as terras descobertas e conquistadas pelos Portugueses.

1. *Fecha os olhos e imagina que estás numa nau do século XV: pensa em três perigos que poderias enfrentar durante a tua longa viagem.*
2. *Imagina e redige um texto como se fosse uma página do teu diário de bordo (aventuras por que passarias, perigos e dificuldades a enfrentar, anedotas de bordo, etc.).*

ercebeste agora
orque é que a
íngua Portuguesa é
alada por
00.000.000 de
essoas em todo o
undo?

VOLTA A
PORTUGAL

Estes jovens vão descobrir Portugal durante quinze dias. Eles vão ter a oportunidade de conhecer novas caras, novos locais de norte a sul do País, e de aprender ao vivo a nossa história, cultura e tradições!

Tudo isto como prémio do Concurso "À descoberta de Portugal", promovido pela revista juvenil "Em Órbita".

CONCURSO

"À descoberta de Portugal"

1° Prémio - Rui Figueira (França)

2° Prémio - Paula Santos (Holanda)

3° Prémio - Helena Antunes (Suíça)

CONCURSO "À descoberta de Portugal"
15 dias para recordares!

PONTO DE ENCONTRO: Lisboa

1° **Prémio** - Viagem de avião
(15 a 29 de Julho) - Alojamento em hotéis de ★★★★

2° **Prémio** - Viagem de comboio
(15 a 29 de Julho) - Alojamento em casa de famílias portuguesas

3° **Prémio** - Viagem de camioneta
(1 a 15 de Agosto) - Alojamento em Parques d Campismo e Pousadas de Juventude.

Para todos estes premiados:
Visitas aos principais monumentos e museus de cad região; Desportos de água no Algarve; Montanhismo na Serra da Estrela; Um passeio no rio Douro.

E muitas outras surpresas que vais adorar!

EXERCÍCIO D

Estas afirmações são Verdadeiras ou Falsas?

1. "Em Órbita" é uma revista semanal para crianças.
2. Esta revista oferece uma viagem a Portugal aos três primeiros vencedores do concurso "À descoberta de Portugal".
3. Todos os premiados são de países europeus.
4. Os vencedores vão ficar duas semanas em Lisboa.
5. As visitas, excursões e actividades desportivas vão ser iguais para todos.

EXERCÍCIO E

Quem diz?

- "Estou muito contente com o meu prémio! Vai ser maravilhoso conhecer tantas coisas novas! Já tenho fotografias das famílias com quem vou ficar. Parecem todos muito simpáticos."
- "Estou tão feliz por ir a Portugal e por andar de avião pela primeira vez! Mas também estou aborrecido porque não gosto de ficar em hotéis."
- "Estou muito entusiasmada com esta viagem. Ainda bem que não vou de avião. Detesto voar! Vai ser divertido ficar com gente da minha idade. Adoro acampar!"

EXERCÍCIO F

Responde às perguntas.

1. Qual destes três meios de transporte (metro, autocarro, eléctrico) é o mais rápido?
2. Qual é o mais pitoresco?
3. Já alguma vez andaste de eléctrico?
4. O autocarro polui mais ou menos do que o eléctrico?

Uma vez em Lisboa, poderás andar de metro, eléctrico, autocarro...

QUANDO A NOITE CHEGA...

Hotéis, pensões, pousadas, parques de campismo... o que escolher?

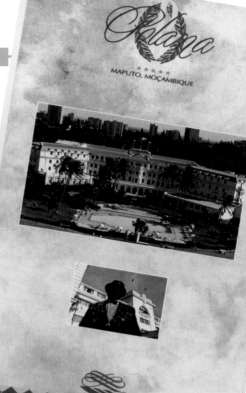

EXERCÍCIO G

ADIVINHA que tipo de alojamento está a ser reservado!

Ao telefone...

Sr. Afonso — Bom dia. Queria reservar um quarto duplo com vista para o mar para os dias 12 e 13 deste mês.

Recepcionista — Com certeza. Pode dar-me o número do seu cartão de crédito para poder fazer a reserva?

Sr. Afonso — Sim. É o 4190 5700 5852 9712. Quanto custa o quarto por noite?

Recepcionista — Cem euros. O pequeno--almoço está incluído no preço do quarto e também o acesso ao ginásio e à piscina.

Sr. Afonso — Óptimo! Muito obrigado.

Recepcionista — Obrigados nós.

Ex.mos Senhores

Gostaria de reservar um local para uma tenda de campismo para três pessoas e uma caravana para cinco, com electricidade e água.

A reserva é para os dias 10 a 20 de Agosto.

Por favor, queiram enviar-me um e-mail confirmando a reserva, indicando o preço por pessoa e os documentos de que necessitamos levar.

Os meus cumprimentos

Muito obrigado,

José

Mata Nacional dos Sete Montes

Aberta ao Público das 9 horas ÁS 20 HORAS

SUJEITO A ALTERAÇÃO

Aos senhores Visitantes não é permitido, nos termos da l[...]

1.º—Danificar árvores, arbustos ou outras plantas;

2.º—Colher flores, verdura, frutos ou sementes;

3.º—Transitar fora dos largos e arruamentos;

4.º—Fazer-se acompanhar de cães soltos;

5.º—Acender fogueiras, lâmpadas ou fogareiros de aquecim[...]

6.º—Queimar fogo de artifício ou deitar balões;

7.º—Fazer uso de armas de fogo.

EXERCÍCIO H

Lê os textos a seguir apresentados e copia para o teu caderno a frase completa.

POUSADAS DE JUVENTUDE DOS AÇORES
AZOREAN YOUTH HOSTELS

Pousada de Juventude de Ponta Delgada

a poucos minutos a pé do centro de Ponta Delgada, esta Pousada atrai pelos seus amplos espaços, práticos e bem mobilados. Dispões de 84 camas em quartos múltiplos, 2 quartos familiares com WC privativo, sala de estar e centro de refeições.

Qual a frase certa?

- Nas Pousadas de Juventude, os jovens são recebidos:
  da mesma forma ❏ de forma diferente ❏;

- Os alberguistas são ❏ não são ❏
  responsáveis por todas as suas acções;

- A recepção fecha ao meio-dia e reabre logo:
  a seguir ao almoço ❏ reabre bastante mais tarde ❏;

- As áreas comuns são limpas pelos:
  alberguistas ❏ empregados da Pousada ❏;

- Nos dormitórios:
  é proibido comer ❏ é permitido comer ❏.

ASSOCIAÇÃO PORTUGUESA DE POUSADAS DE JUVENTUDE
(REGRAS GERAIS)

As Pousadas de Juventude são espaços de convívio ao serviço de todos os jovens, independentemente da sua nacionalidade, sexo, raça, religião ou opinião política, devendo cada alberguista portar-se com a máxima correcção e cortesia.

Horário da recepção

Manhã 09h00/12h00
Tarde 18h00/21h00

Os alberguistas deverão garantir a manutenção da limpeza em todas as áreas comuns da Pousada.

A louça e o material de cozinha terão obrigatoriamente de ser lavados logo após a sua utilização.

urante a noite, deverá haver silêncio absoluto. As zes dos dormitórios devem manter-se apagadas.

Cada alberguista é responsável pelos prejuízos causados a terceiros ou à Pousada de Juventude.

Nos dormitórios não é permitido fumar, tomar bebidas alcoólicas ou comer.

Nas Pousadas de Juventude, não são autorizados quaisquer animais nem veículos motorizados.

EXERCÍCIO I

1. Observa as fotografias dos vários tipos de alojamento e escolhe um adjectivo que, a teu ver, melhor caracterize cada um deles. Escreve-os no teu caderno e justifica oralmente as tuas escolhas.
2. Qual é o teu tipo de alojamento preferido? Porquê?
3. Inventa uma história de aventuras intitulada "Um susto de morte!", passada num parque de campismo. Sê imaginativo/a!

CAMPISMO

Lisboa Camping – Parque Municipal
Na orla do Parque Florestal de Monsanto, dispõe de 170 alvéolos (com rede de água e electricidade, serviço de recolha de lixo), 400 espaços individuais para acampamento, 70 bungalows, balneários, instalações sanitárias, parque infantil, piscina, bares, restaurantes, sala convívio, primeiros socorros.
As tabelas actualizadas estão na internet:
http://www.atl-turismolisboa.pt
☎ 21 760 96 27 / 22
🚌 43, 50

55

Caderno > E, F, G, H

Eu cá ando sempre com a casa às costas!

O QUÊ? QUANDO?
PARA ONDE?

Atenta no bilhete de avião do Bruno.

Bilhete de passageiro
emitido por TAP
—— Nome do passageiro ——————————————
GUERREIRO/ Bruno

De:	Lisboa	Voo —	Data —	Hora ——	Hora
Para:	Rio de Janeiro	TAP		partida	chegada
		102	10 Fev.	19h00	02h00

Preço	€ 750		Peso permitido	Bagagem
Impostos	€ 50	12500889413312		
Total	€ 800		23 Kg	2 malas

Bilhete de passageiro
Nome do passageiro
GUERREIRO/Bruno

De:
 Lisboa
Para:
 Rio de Janeiro

Porta	Embarque	Lugar
10	18h00	4d

Interrogativos

Quem?
Para onde?
Quando?
Que ...?
Quanto(s)/a(s)?
Qual? Quais?

EXERCÍCIO J

**Responde às perguntas
com base no bilhete de avião.**

1. **Quem** é que vai viajar?
2. **Para onde** é que vai viajar?
3. **Quando** é que parte?
4. **Quantas** malas leva?
5. **Qual** é o número do voo?
6. **Quais** são as cores da TAP?

EXERCÍCIO K

**Escreve as perguntas
correspondentes às respostas seguintes, utilizando os
interrogativos:**

em <u>que</u> (ano)/ <u>quando</u>/ <u>onde</u>/ <u>por quem</u>/ <u>o que</u>

- Em 1885, a Mercedes Benz inventou o primeiro carro.
- O primeiro computador electrónico foi fabricado na Grã-
-Bretanha.
- O Rock & Roll começou nos anos 50.
- O primeiro microondas foi construído por uma empresa
americana em 1953.
- Em 1876, o escocês Graham Bell inventou o telefone.

Olá boneca! Posso fazer-te uma pergunta?

EXERCÍCIO L

Responde às perguntas, com base nos diálogos que se seguem.

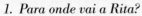

1. *Para onde vai a Rita?*
2. *O que é que ela está a fazer na estação?*
3. *Está sozinha?*
4. *Quantos dias é que ela vai ficar em Cascais?*
5. *Porque é que ela leva tanta bagagem?*
6. *Que número é que a Inês marca?*
7. *Com quem é que a Inês está a falar?*
8. *Quanto tempo demora o táxi a chegar a casa dela?*
9. *Ela tem muito ou pouco tempo para apanhar o barco?*
10. *De onde parte o barco?*

Como te chamas?
Quantos anos tens?
Onde moras?
Qual é o teu número de telefone?
Qual é o teu signo?
Tens namorado?
Que número vestes?

T E X T O S

Já não se pode fazer uma pergunta !!!

Em casa
A Inês marca o número de telefone do rádio-táxi.

Inês — Por favor, pode mandar um táxi à Rua 5 de Outubro, n° 155?

Telefonista — Que andar?

Inês — 5° C.

Telefonista — Está aí dentro de cinco minutos.

No táxi

Taxista — Bom dia! Para onde deseja ir?
Inês — Para a estação do Terreiro do Paço, faz favor. O barco parte dentro de seis minutos.
Taxista — Não sei se tenho turbomotor...

Na estação do Cais do Sodré

Nuno — Olá! Vais para Cascais?
Rita — Vou passar lá o fim-de-semana. Mas vou de moto.
Nuno — Então, porque estás aqui na estação?
Rita — Porque vou mandar a mala e o saco no comboio.
Nuno — Por dois dias? Porque é que levas essa bagagem toda?
Rita — Nunca sei o que quero vestir.

PROVÉRBIOS

Pela boca morre o peixe.
Quem muito fala, pouco acerta.

EXERCÍCIO M

Pensa numa pergunta que gostarias de fazer:

1. *ao Presidente da República;*
2. *ao teu cantor preferido;*
3. *à tua melhor amiga;*
4. *ao teu pior inimigo;*
5. *ao teu amor!*

Que horas são?

AS HORAS

Que horas são?

a) Usamos sempre **são** seguido da hora e dos minutos,
   excepto com o **meio-dia,** a **meia-noite** e a **uma hora.**
       São duas e vinte.
   É meio-dia. / É meia-noite. / É uma e um quarto.

b) Depois da hora certa, (são sete horas), é uma hora, usamos
   1- até à meia hora: **e** + minutos
       É uma **e** dez.
   2- da meia hora até à hora: **menos** + minutos
                               minutos + **para**
       É uma **menos** dez.
       São dez **para** a uma.

 c) **em ponto** = a hora exacta
       É uma hora **em ponto.** (13h00)
    quase = poucos minutos antes da hora
       São **quase** nove horas. (8h58)
d) Expressões de tempo
    São oito horas **da manhã.** / São duas **da tarde.**
    São nove e meia **da noite.** / São duas **da madrugada.**

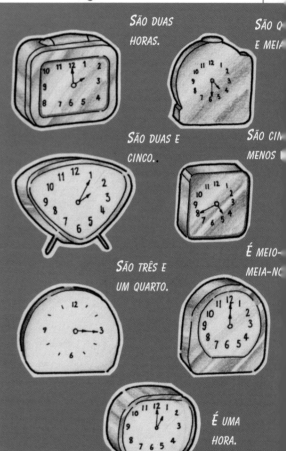

SÃO DUAS HORAS.

SÃO Q E MEIA

SÃO DUAS E CINCO..

SÃO CIN MENOS

SÃO TRÊS E UM QUARTO.

É MEIO-MEIA-NC

É UMA HORA.

BLÁ BLÁ

EXERCÍCIO N
Que horas estão marcadas nos seguintes relógios?

ENTRE NA EXPO'98 DE CATAMARAN

CASCAIS / EXPO'98 / CASCAIS

PARTIDAS DIÁRIAS
Praia dos Pescadores (Cascais)
DAILY DEPARTURES
"Pescadores" Beach (Cascais)
TEL:/DETAILS: 483 85 12

CATCASCAIS

HORÁRIOS — TIMETABLE						
			15:35	18:35	22:35	
CASCAIS/EXPO	09:35	12:35	17:05	20:10	00:15	
EXPO/CASCAIS	11:05	14:05	15€	10€	10€ Tarifa Única	
IDA E VOLTA/RETURN TICKET	21€	21€	10€	10€		
1 VIAGEM/SINGLE TRIP	13€	13€				

Crianças até aos 12 anos: grátis.
Crianças entre os 13 e os 16 anos
têm 50% de desconto, excepto

Children up to 12 years old: free.
Children between 13 and 16 years old:
50% reduction. This reduction

EXERCÍCIO O

Com base na imagem, responde às seguintes perguntas:

1. A que horas parte o primeiro catamarã de Cascais?
2. A que horas parte o último de Cascais?
3. A que horas podes apanhar o último catamarã da Expo para Cascais?
4. Quanto custa uma viagem de ida e volta de Cascais à Expo, nas viagens das nove e trinta e cinco minutos e do meio-dia e trinta e cinco minutos?
5. E a partir das quinze e trinta e cinco minutos?

EXERCÍCIO P

Observa o mapa e responde oralmente.

1. Que horas são, neste momento, em Pequim?
2. As pessoas estão a dormir em Sydney?
3. No Rio de Janeiro, é de noite ou de dia?
4. Que horas são agora em Istambul?
5. Que diferença horária existe entre Lisboa e Roma?

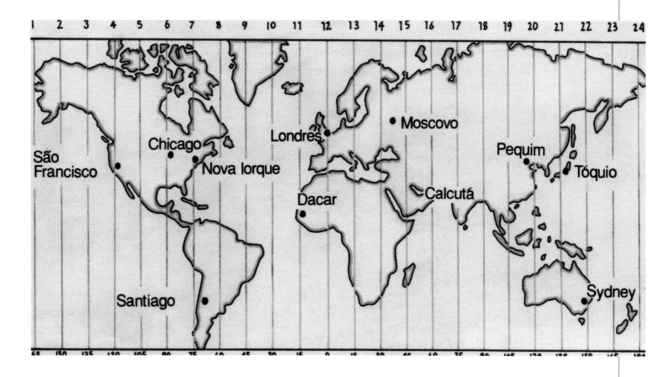

A QUALQUER DIA DA SEMANA ...
HÁ SEMPRE MUITO QUE FAZER

Os dias da semana

a) Os dias da semana são femininos, excepto sábado e domingo, e todos têm plural.

a(s) segund**a(s)** / **a(s)** terç**a(s)**-feir**a(s)**
mas
o(s) sábad**o(s)** / **o(s)** doming**o(s)**

b) Escrevem-se com letra minúscula, excepto quando se referem a datas especiais.

O meu dia preferido é o sábado.
mas
A Sexta-Feira Santa

c) São precedidos da preposição **em** contraída com o artigo definido (**no, na, nos, nas**), quando indicam **um dia determinado.**

Na sexta-feira à noite, vou a uma festa.
No sábado, vou à discoteca e, **no** domingo, vou ao café.

d) São precedidas da preposição **a** contraída com o artigo definido (**ao, à, aos, às**), quando indicam **rotina** ou **acções frequentes.**

e) Formas simplificadas:
Às **terças** e **quintas** não tenho aulas de tarde.
A Exposição está aberta de **2ª a 6ª.**

f) O plural de **fim-de-semana** é **fins-de-semana.**
No **fim-de-semana,** vamos visitar os meus avós.
Aos **fins-de-semana** gosto de fazer desporto.

SECRETARIA DE ESTADO DA CULTURA
INSTITUTO PORTUGUÊS DO PATRIMÓNIO CULTURAL

PALÁCIO NACIONAL DE MAFRA

HORÁRIO DAS VISITAS
10 H — 13 H.
14 H — 17 H.
ENCERRA TERÇAS-FEIRAS E FERIADOS

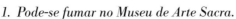

Fins de tarde em

Sol maior

Todas as

quintas-feiras,

concertos de

música clássica,

a partir

das 18h 30m.

Para acabar

o dia em beleza

Galeria Comercial
PENÍNSULA
Mais Espaço Para Si.

EXERCÍCIO Q

Verdadeiro, Falso ou Não se sabe?

1. Pode-se fumar no Museu de Arte Sacra.
2. Nos cinemas Paraíso, há sessões à meia-noite, três dias por semana.
3. O Museu de Arte Sacra encerra para almoço todos os dias por uma hora.
4. O bowling termina à uma da manhã, de segunda a quinta.
5. O Palácio Nacional de Mafra nunca fecha excepto às terças-feiras e feriados.
6. O Museu de Arte Sacra só fecha em cinco feriados nacionais.
7. A Galeria Comercial Península oferece concertos de música clássica todos os dias às 18h30m.
8. Os cinemas Paraíso oferecem sessões para crianças ao fim-de-semana.
9. Às quartas e às quintas-feiras, o Museu de Arte Sacra encerra meia hora mais cedo do que nos restantes dias da semana.
10. Nos cinemas Paraíso, pode-se comer pipocas.

OS DIAS DA SEMANA

segunda-feira	terça-feira
quarta-feira	quinta-feira
sexta-feira	sábado
domingo	

---

	segunda		3	10	17	24	31
	terça						
	quarta						
	quinta						
	sexta						
	sábado						

JANEIRO

Dom.		4	7	14	21	28
Seg.	F		8	15	22	29
Ter.	2	5	9	16	23	30
Qua.	3		10	17	24	31
Qui.	4		11	18	25	
Sex.	5		12	19	26	
Sáb.	6		13	20	27	

BLA BLA

EXERCÍCIO R

A que dia da semana calha...

1. o dia seis?
2. o dia catorze?
3. o dia dezanove?
4. o dia três?
5. o dia trinta?

INFORMAMOS OS NOSSOS CLIENTES QUE O BOWLING ENCERRA ÀS 3.00H
SEXTA E SÁBADO

Bruno — Raios! Estou perdido outra vez!
Desculpe! Pode dizer-me onde fica o Museu de Arte Antiga?

Sr. Idiota — Claro! Está a ver aquela igreja com um jardim à frente?

Bruno — Estou.

Sr. Idiota — Então está a ver aquela ruazinha à direita da igreja?

Bruno — Sim.

Sr. Idiota — Segue por essa rua sempre em frente até encontrar uma rotunda. Aí, vire à direita e continue sempre em frente. Atravesse a passadeira até encontrar uma escola primária. Antes de chegar à escola, curve à esquerda e depois vire na primeira à direita. Atravesse a rua e ficará em frente ao Museu do Traje Antigo.

Bruno — Traje Antigo??!! Mas eu não quero ir ao Museu do Traje Antigo! Quero ir ao de Arte Antiga!!

Sr. Idiota — Ahh... desculpe. Percebi mal. Esse museu não sei onde fica...

Expressões:
Virar na primeira/segunda/terceira à direita.
Virar na primeira/segunda/terceira à esquerda.
Passar a rotunda/o cruzamento.

DESTINO DESCONHECIDO

DIRECÇÕES

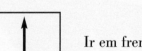 Ir em frente

 Atravessar na passadeir

Virar à direita

 Virar na 1ª (rua/aveni à esquerda

 Virar à esquerda

 Virar na 1ª (rua/aveni à direita

62

EXERCÍCIOS

O senhor de boné, na fotografia à esquerda, é o Sr. Silva. Ele quer ir ao Museu Júlio Dinis, mas não sabe como chegar até lá.

Escreve no teu caderno:

1. A pergunta que o Sr. Silva fez a um transeunte na rua, pedindo que lhe indicasse o caminho até ao museu. **(N.B.: uso de tratamento formal).**

2. Sabendo que o Sr. Silva se encontra na Rua Ferreira de Castro (ver mapa em baixo), escreve todas as indicações que o transeunte daria ao Sr. Silva.

3. Se o Sr. Silva estivesse na Rua 31 de Janeiro, qual seria o caminho mais rápido para chegar ao museu?

> Eu cá nunca me perco!

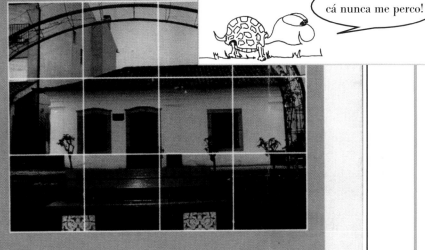

PROVÉRBIO

Quem tem boca, vai a Roma.

Jardim dos Campos

Museu Júlio Dinis

UMA CASA OVARENSE

e Biblioteca Dinisiana

De 2.ª a 6.ª feira
das 10 às 12,30h
e das 14 às 17h

Nos 1.º e 3.º Domingos
de cada mês aberto
das 14 às 17,30h

Encerrado ao público
às 2.ªs feiras de manhã

ONDE ESTÁS NO MUNDO...

LÍNGUA PORTUGUESA
Uma ponte para o Futuro

Para quê?

- Fomentar os Ensinos Básico e Secundário Portugueses no Estrangeiro
- Dinamizar acções que contribuam para a difusão da Língua Portuguesa numa perspectiva intercultural

Para quem?

- Crianças e jovens que frequentam a escolaridade obrigatória no estrangeiro
- Adultos que pretendam aprender português

Como?

- Colaborando com entidades escolares dos diferentes países, para uma maior e melhor divulgação da Língua e Cultura Portuguesas
- Assegurando o ensino/aprendizagem do Português aos diferentes níveis:
  — ensino precoce
  — língua e cultura de origem
  — língua viva
- Apoiando a rede do ensino particular
- Elaborando programas da disciplina de Língua e Cultura Portuguesas
- Apoiando professores e alunos através de material pedagógico-didáctico
- Promovendo acções de formação para professores
- Assegurando a gestão da rede de docentes no estrangeiro
- Acompanhando o processo de avaliação pedagógica do ensino português no estrangeiro.

Ministério da Educação
Direcção-Geral de Inovação
e de Desenvolvimento Curricular

PAÍSES
Pays
Country
Land

| ÁFRICA DO SU |
| ALEMANHA |
| AUSTRÁLIA |
| BÉLGICA |
| BERMUDAS |
| CANADÁ |
| ESPANHA |
| E. U. A. |
| FRANÇA |
| LUXEMBURGO |
| REINO UNIDO |
| SENEGAL |
| SUÍÇA |
| VENEZUELA |
| ZIMBABWÉ |

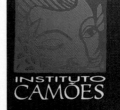

INSTITUTO CAMÕES

Rede de Dif
e de Promo
da Língua
e da Cultur

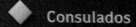

▲ Serviços Culturais das Embaixadas

◆ Consulados

● Centros Culturais Portugueses

● Centros de Língua Portuguesa

● Leitorados

● Cátedras

● Centros de Exame

● Instituições Apoiadas

Uma língua é o lugar donde se vê o Mundo e em que se traçam os limites do nosso pensar e sentir. Da minha língua vê-se o mar. Da minha língua ouve-se o seu rumor, como da de outros se ouvirá o da floresta ou o silêncio do deserto. Por isso a voz do mar foi a da nossa inquietação.

Vergílio Ferreira

E PARA ONDE VAIS COM O TEU PORTUGUÊS?

A Língua Portuguesa no Mundo

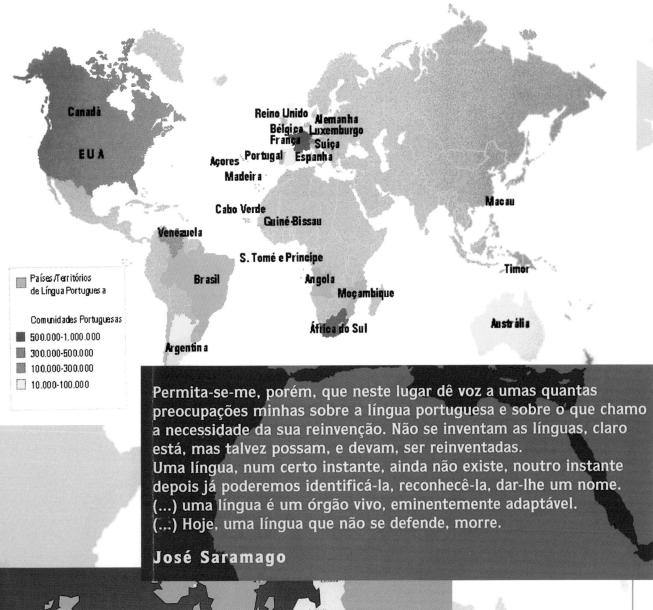

Países/Territórios de Língua Portuguesa

Comunidades Portuguesas
- 500.000-1.000.000
- 300.000-500.000
- 100.000-300.000
- 10.000-100.000

> Permita-se-me, porém, que neste lugar dê voz a umas quantas preocupações minhas sobre a língua portuguesa e sobre o que chamo a necessidade da sua reinvenção. Não se inventam as línguas, claro está, mas talvez possam, e devam, ser reinventadas.
> Uma língua, num certo instante, ainda não existe, noutro instante depois já poderemos identificá-la, reconhecê-la, dar-lhe um nome.
> (...) uma língua é um órgão vivo, eminentemente adaptável.
> (...) Hoje, uma língua que não se defende, morre.
>
> **José Saramago**

COMIDAS E BEBIDAS

Gostos não se discutem ...

Daniela

"Na véspera de Natal, comemos sempre bacalhau. Além de bacalhau, a minha mãe costuma fazer outras receitas portuguesas, como, por exemplo, feijoada, porque o meu pai não gosta da comida alemã. Eu também gosto mais da comida portuguesa e acho que a minha mãe é muito boa cozinheira."

ALEXANDRE

"Ao pequeno-almoço tomo cereais com leite e também almoço em casa, pois a escola acaba às 13h20. A minha mãe cozinha comida tradicional portuguesa, como bacalhau à Brás e outras comidas assim."

Virgínia

"Eu cozinho muito. Sem dúvida, cozinho melhor do que a minha mãe. Eu gosto de todo o tipo de comida, especialmente de fruta e pastéis."

Suzane

"Eu nunca tomo o pequeno-almoço porque fico indisposta. Como depois na escola. Temos lá uma cantina e eu vou lá buscar um bolo ou qualquer coisa.

Umas vezes almoço na escola, outras vezes em casa. Gosto de comer comida portuguesa, especialmente de frango na brasa. Também gosto de comida italiana: pizas e massas."

O QUE TE FAZ "COMER E CHORAR POR MAIS"?

Pedro Pinheiro (Açores): Rabanadas e bolos diversos.

JOSÉ SOUSA: OVOS, ARROZ, BIFANAS, HAMBÚRGUERES E BATATAS FRITAS.

Margarete Guedes: Puré de batata e coelho. Também gosto de arroz, massa... Um pouco de tudo.

Tzira Correia: Torta de peixe.

Sandra Henriques: Feijoada à transmontana.

CARINA TELES: ADORO GAMBAS E BACALHAU NO FORNO COM BATATAS A MURRO.

EXERCÍCIO A

Quem é que...

1. Gosta de cozinhar?
2. Toma o pequeno-almoço mais saudável?
3. Gosta de comer bacalhau?
4. Cozinha melhor do que a própria mãe?
5. Não gosta de comida alemã?

EXERCÍCIO B

Responde às perguntas.

1. Dá uma pontuação a cada prato referido nesta página.
   1= detesto 2= come-se
   3= adoro
2. Qual é o teu prato preferido?
3. Qual é o prato que tu mais odeias?
4. O que costumas comer na tua cantina?
5. O que tomas ao pequeno-almoço?

EXERCÍCIO C

Responde às seguintes perguntas.

1. Quem prefere um tipo de alimentação menos saudável?
2. Em que altura do ano se comem mais rabanadas?
3. Quantos ovos deves comer por dia?
4. Quem disse gostar de marisco?
5. Tradicionalmente, o que se come na véspera de Natal?

UFA! NINGUÉM DISSE GOSTAR DE TARTARUGA ASSADA!

67

USOS E COSTUMES

Pequeno-almoço

O pequeno-almoço é a primeira refeição do dia e, como tal, deve ser sempre tomada. Estudos provam que alunos que não tomaram o seu pequeno-almoço têm um poder de concentração menor e, geralmente, tiram notas inferiores nos testes relativamente aos alunos que comeram bem de manhã.

Tanto os Portugueses como os Brasileiros tomam um pequeno-almoço simples: café com leite, pão ou torradas geralmente com manteiga, queijo ou fiambre ou, então, cereais com leite. Há também quem goste de comer uma peça de fruta logo de manhã.

EXERCÍCIO D

Observa as imagens e escolhe a opção correcta.

1. A imagem 1 mostra:
   uma pastelaria. ☐
   um restaurante. ☐
   uma gelataria. ☐

2. A refeição mais provável é:
   o lanche. ☐
   o pequeno-almoço. ☐
   o almoço / jantar. ☐

3. A imagem 2 mostra um local onde se vende especialmente:
   bebidas. ☐
   frutas e legumes. ☐
   comidas exóticas . ☐

4. A altura do dia é:
   de manhã. ☐
   à tarde. ☐
   à noite. ☐

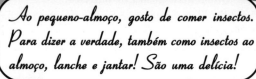

Ao pequeno-almoço, gosto de comer insectos. Para dizer a verdade, também como insectos ao almoço, lanche e jantar! São uma delícia!

VOU FAZER COMO O PESSOAL DAQUI: A SEGUIR AO ALMOÇO, VOU FAZER A SESTA!

Almoço e Jantar

Para os Portugueses e Brasileiros, estas refeições são sagradas. Seja em casa ou num restaurante, a refeição não deve ser apressada, já que serve também para conviver com amigos e família. Os Brasileiros costumam dizer, a brincar, que se vires norte-americanos à mesa durante mais de meia-hora, é porque estão num almoço de negócios.

Como devem calcular, tanto os Portugueses como os Brasileiros comem

bastante mais ao almoço do que alguns outros povos. Outro pormenor é que os Brasileiros não gostam de comer na rua ou em sítios onde supostamente não se deve comer, nem mesmo no carro. Preferem parar, entrar num café e tomar a sua refeição.

Por último, são também rigorosos no que respeita à etiqueta, já que usam sempre garfo e faca quando comem sandes, pizas e até galinha. Já aí, os Portugueses são mais flexíveis.

EXERCÍCIO E
REGRAS DE ETIQUETA
Certo ou errado?

1. À refeição, o garfo deve manter-se na mão direita e a faca na mão esquerda.
2. No fim da refeição, os talheres devem ficar juntos virados para o lado direito do prato.
3. Com carne, é suposto beber-se vinho tinto.
4. Com peixe, fica bem um vinho do Porto.
5. Não é má educação falar com a boca cheia.

PROVÉRBIOS

EXERCÍCIO F
Explica por palavras tuas o significado de:

- A laranja de manhã é ouro, à tarde prata e à noite mata;
- A galinha da vizinha é sempre mais gorda do que a minha;
- Nem só de pão vive o Homem;
- Em Agosto, toda a fruta tem gosto.

O Campo

As nossas sugestões

O QUE PODES PEDIR

Entradas

- Paté caseiro, de pato,
  servido com doce de ameixa
- Salada com camarão
- Rolinhos de presunto com tâmaras
- Sopa do Campo

Especialidades do Campo

- Fondue de carne (fillet)
- Bife do Lombo com molho especial
  à moda do Campo
- Arroz de carqueja
- Frango do campo à moda do Campo
- Assado de porco à camponesa
- Caçoila de bacalhau com natas
- *Repasto de enguias composto por:
    - Enguias fritas
    - Caldeirada de enguias
    - Sopa de enguias

  Encomendar com 3 dias de antecedência

E doces para fechar.

Para acompanhar propomos a nossa selecção
de vinhos

- Almoço das 12,30 às 14,30 h.
- Jantar das 19,30 às 22,30 h.

  - Encerramos à segunda-feira -

No restaurante...

Senhora	— Boa noite. Tem mesa para quatro?
Empregado	— Fumadores ou não fumadores?
Senhora	— Não fumadores, por favor.
Empregado	— Muito bem. Podem vir por aqui.
Senhora	— Podíamos ficar naquela mesa do canto?
Empregado	— Com certeza. Aqui têm as ementas. Desejam algo para beber?
Senhora	— Sim. Eu quero uma água mineral sem gás, o meu marido vai querer meia garrafa do tinto da casa e os miúdos vão querer uma limonada e uma coca-cola.

Passados uns minutos...

Empregado	— (com tom irónico) A senhora está pronta para fazer o pedido pelos quatro?
Senhora	— Sim. Eu queria uma dose de bife do lombo com batatas fritas e salada; o meu marido vai provar o vosso bacalhau com natas e para os miúdos eu escolho uma dose de frango assado com batatas fritas e salada a acompanhar.
Empregado	— Mais alguma coisa?
Senhora	— Bom, para sobremesa, todos queremos pudim flan e mousse de chocolate.
Miúdos	— Mas, mãe, tu escolhes sempre o mesmo para nós!
Senhora	— Se querem fazer queixas, vão fazê-las ao banana do vosso pai. A mim, não vale a pena!
Empregado	— Desculpe, não percebi bem. A senhora disse que queria uma banana para sobremesa?

EXERCÍCIO G

Lê o diálogo e escolhe apenas as afirmações verdadeiras.

1. A senhora escolheu a mesa do centro.
2. Os miúdos beberam refrigerantes.
3. O pai bebeu vinho.
4. Cada miúdo comeu uma dose de frango.
5. Só a mãe é que comeu salada.
6. O empregado foi mal-educado para com a senhora.
7. Os miúdos comem sempre sobremesas diferentes.
8. A mãe bebeu uma bebida não gaseificada.

Quando eu vou a um restaurante, toda a gente me chama de malcriado por comer com as patas! Já viste alguém comer insectos de garfo e faca??!!

EXERCÍCIO H

Agora corrige as afirmações falsas.

O CHEFE RECOMENDA:

ARROZ DE TAMBORIL

BIFE NA BRASA

COELHO À CAÇADOR

Codornizes no tacho

CALDEIRADA DE ENGUIAS

> Eu **EI QUE ESTAMOS NA [V]ALÊNCIA, MAS O QUE É O ALMOÇO?**

EXERCÍCIO I

Escreve uma legenda cómica para este cartoon.
A seguir, a Turma irá eleger a melhor frase.

Dê mais sabor ao seu dia-a-dia...

Corte meio frango em pedaços pequenos. Aloure o frango em azeite. Junte uma cebola picada e deixe amolecer. Adicione 400g de argolas de lulas e 400g de ervilhas congeladas. Mexa, tape a frigideira e deixe suar durante 15 minutos. À parte, coza 400g de camarões selvagens em água temperada com sal. Retire os camarões, descasque a maior parte e meça o caldo. Se necessário, junte água até perfazer 5 chávenas de líquido. Deite o caldo na frigideira e adicione uma colher de sobremesa de açafrão. Junte 2 chávenas bem cheias de arroz. Mexa e deixe cozer durante 10 minutos. Um pouco antes de terminar a cozedura do arroz, acrescente os camarões descascados e mexa.

Na cafetaria...

Bruno – Bom dia. Eu queria uma sandes de queijo e fiambre com alface e um galão morno, por favor.

José – Eu vou tomar um chocolate quente, um folhado de carne e um pastel de nata, por favor.

Ana – Bom, eu queria dois croquetes numa sandes, uma sopa de legumes e um sumo de laranja, por favor. Já agora, também queria uma bola de Berlim com bastante creme para embrulhar e meia dúzia de bolinhos secos para comer agora. Por acaso, tem pastéis de bacalhau? Então, podiam ser dois. Adoro pastéis de bacalhau! Pronto.
Ah! Já me esquecia! O sumo de laranja é com adoçante. É que estou de dieta, sabe...

EXERCÍCIO J

1. *Lê a receita e faz uma lista dos ingredientes que terias de usar com a quantidade necessária.*
2. *Como se chama esta receita? Escolhe o prato correto:*
   - *Bacalhau com natas;*
   - *Paelha;*
   - *Frango grelhado com ervilhas;*
   - *Camarões fritos.*
3. *Escreve no teu caderno todos os verbos no imperativo que encontrares no texto.*
4. *Para cada um, escreve o equivalente no pretérito perfeito simples.*

Camarões selvagens, lulas, frango... nada de tartarugas! Esta história de receitas está a deixar-me nervoso ...

VACAS LOUCAS, VEGETARIANOS
RESTAURANTE E TAL!

Notícias...

A _____ das "vacas loucas" provocou uma subida drástica das vendas da carne de frango. Os _____ já esperam que as vendas atinjam os mesmos valores do "ano de _____ " de 1993.

A _____ das "vacas loucas" provocou a descida do _____ da_____ de vaca, fazendo com que outras espécies menos comuns começassem a ser consumidas, como, por exemplo, a_____ .

Esta carne tem baixos níveis de colesterol e,_____ cozinhada da mesma forma, tem um sabor muito semelhante ao da carne de vaca.

EXERCÍCIO K

A seguinte notícia foi parcialmente rasgada por uma "vaca louca" à solta. O teu trabalho, enquanto investigador do caso, é repor as palavras que faltam. Uma vaca sã já fez uma lista de palavras para te ajudar.

LISTA DE PALAVRAS:

1. AVICULTORES
2. CONSUMO
3. CRISE
4. AVESTRUZ
5. DOENÇA
6. OURO
7. QUANDO
8. CARNE

Para onde é que ela está a olhar?

BLA BLA

EXERCÍCIO L

Inventa uma história em que relaciones o caso da doença das "vacas loucas" com esta fotografia.

EXERCÍCIO M

Responde às perguntas com Sim ou Não.

1. Muitos consumidores deixaram de comprar carne de vaca?
2. Os avicultores são pessoas que cozinham aves?
3. A carne de avestruz é prejudicial à saúde?
4. No ano de 1993, venderam-se muitos frangos?
5. O sabor da carne de vaca não pode ser comparado a nenhum outro?

EXERCÍCIO N

Sabendo que...

1. a Maria é vegetariana;
2. o Rui é judeu;
3. a Manuela é alérgica a produtos lácteos;
4. o Pedro comete o pecado da gula.

Diz quem comeu o quê!

D. Almoço: pimentos recheados com aipo, alho, cebola e polpa de tomate; batatas fritas e salada.
Jantar: pastelinhos de cenoura e cebola com arroz de ervilhas. Salada de tomate e pepino.

B. Lanche: Sandes de presunto.
Jantar: Cozido à Portuguesa com farinheira, chouriço de carne e de sangue, couve portuguesa, batatas, carne de vaca e de frango.

A. Ao pequeno-almoço: torradas com manteiga e queijo; leite com café.
Ao almoço: bacalhau com natas.

C. Jantar: entrada de canapés e pastéis de carne e peixe; vinho de Porto.
Prato principal: sopa de grão; feijoada com arroz e chouriço; salada de alface e tomate.
Sobremesa: crepe com gelado de morango e baunilha com molho quente de chocolate.
Ceia: chá preto e bolachas com recheio de chocolate.

Este exercício é canja!
O A vai para o 1, o B vai para o C, não para o 2, o D vai para o 4... já me estou a confundir!

EXERCÍCIO O

Atenta nos seguintes cartões de apresentação de restaurantes e responde às perguntas.

Qual é o restaurante que...

1. Vende comida brasileira?
2. Tem também serviço de cafetaria?
3. Apresenta espectáculos de música popular?
4. Serve pedaços de carne passada pelas brasas?
5. Tem mariscos?
6. Fecha às segundas-feiras e aos domingos à tarde?
7. Tem um espaço muito grande para servir muitas pessoas ao mesmo tempo?
8. Vende refeições para fora?
9. Entretém os fregueses com fado?
10. Fornece um serviço de bufete?

CAFÉ - RESTAURANTE

O CAMPONÊS

Gerência:
Amândio e Eliana Rodrigues
Telem. 93 626567

Casamentos
•
Baptizados
•
Churrascaria
•
Pizaria

Telefs.: 232.55225
(Res.) 232.55417
LAMAS - F. AVES
3560 SÁTÃO

PAULOS RESTAURANTE

Aberto em 1975
O primeiro restaurante brasileiro na Inglaterra!
Venha provar nossa comida caseira num ambiente caloroso de família e matar as saudades de casa!
Buffet com vinte pratos quentes e frios, pode-se comer à vontade por £10.50!

OFERTA ESPECIAL: £8.50 (buffet) ÀS TERÇAS E DOMINGOS

Temos guaraná, caipirinha, batida, aipim frito, coxinha, bobó de camarão, arroz, feijão e farofa, quindim e muito mais!
Aberto de terça a sábado a partir das 19h30 (última ordem 22h30) e aos domingos a partir das 13h (última ordem 15h30).
Fazemos também take-away

☎ **0171 385 9264** *(informações/reservas após as 16h30)*
30 GREYHOUND ROAD; W6
(travessa da Fultham Palace Road, perto do Charing Cross Hospital)
Metro: Hammersmith; Ônibus: 74; 190; 211; 220; e 295

A Severa   Restaurante Típico

FADO FOLCLORE

Tradição no Bem Servir

R. das Gáveas, 51 a 61 - 1200-206 Lisboa-Portugal
Telefs.: 346 12 04 - 342 83 14   Fax: 346 40 06

COMIDA E OCASIÕES ESPECIAIS

Macau:

O quinto dia da quinta lua, conhecido por "Duplo Cinco", marca os primeiros dias de Verão. Este festival é baseado numa lenda segundo a qual o poeta Qu Yan, servidor do imperador Chi, não conseguindo acabar com a corrupção na Corte, suicidou-se atirando-se ao rio Milo. O povo, que gostava do poeta, em canoas, tentou recuperar o corpo antes que fosse apanhado pelos monstros marinhos. Ao mesmo tempo, atirava bolos de arroz enrolados em folhas de bananeira. Segundo uma versão da lenda, a comida seria para alimentar o poeta, segundo outra versão, seria para distrair os monstros. Durante estes dias, os macaenses comem grandes quantidades destes bolos, chamados "lapas".

Pelo Ano Novo vou experimentar escaravelho assado no forno com molho de baratas. Talvez me aventure a uma taça de champanhe também!

EXERCÍCIO P

Observa as fotografias e completa as frases.

1. A imagem 1 mostra um _____ feito no lançamento de um _____ regional alentejano.
2. A imagem 2 mostra uma _____ formal de estudantes universitários.
3. A imagem 3 mostra uma _____ de _____.
4. A imagem 4 mostra uma grande variedade de comida num _____. Na imagem, pode ver-se (escreve 6 frutas diferentes) _____, _____, _____, _____, _____ e _____.

No Ano Novo, antes de chegar a meia-noite, bebe-se uma taça de champanhe, comem-se doze passas e pedem-se doze desejos. Há quem passe o Ano Novo num restaurante, mas o réveillon pode atingir preços muito elevados.

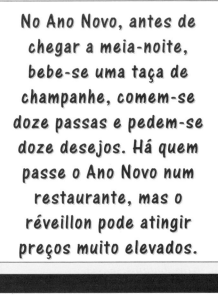

❸

❹

Na véspera de Natal, jantamos todos juntos (eu, os meus pais, a minha irmã e os meus avós maternos) e comemos bacalhau cozido com batatas cozidas e couves. Eu gosto muito de pôr alho picado, azeite e vinagre por cima. Também temos muitos frutos secos como nozes, figos, tâmaras, passas, pinhões, etc. No dia de Natal, almoçamos também todos juntos e comemos peru assado no forno com batatas coradas e uma grande salada cheia de cebola (que eu adoro!). O pior é que depois passo meia-hora na casa de banho a lavar os dentes para tirar o sabor!

Sofia

EXERCÍCIO Q

Responde às perguntas.

1. Segundo a lenda, porque é que o povo macaense atirava bolos de arroz para o rio? Dá duas hipóteses.
2. Explica o que são passas.
3. De que forma celebras o Ano Novo no teu país?
4. O que costuma a Sofia comer na véspera de Natal?
5. E no teu país?
6. Porque é que se comem doze passas no Ano Novo?
7. Explica o que é um réveillon.
8. Como se chamam os bolos de arroz que os macaenses comem durante o festival do "Duplo Cinco"?
9. Que temperos costuma a Sofia pôr no bacalhau cozido?
10. O que costumas comer no almoço de Natal?

A PIRÂMIDE ALIMENTAR

EXERCÍCIO R

Faz corresponder cada resposta à respectiva pergunta.

Respostas:

1. *Pão, arroz, batatas, massa.*
2. *Entre três a cinco.*
3. *Hidratos de carbono.*
4. *Proteínas.*
5. *Fruta.*

Perguntas:

1. *Que tipo de alimento contém muita fibra?*
2. *Quantas porções deves ingerir de vegetais?*
3. *Que tipo de alimentos deves consumir em maior quantidade?*
4. *Tanto os produtos lácteos como a carne, o peixe e ovos fornecem um nutriente em comum. Qual?*
5. *Que nutriente é fornecido por quase todos os tipos de alimentos?*

Sabias que os humanos são a espécie animal com uma dieta alimentar mais diversificada?

Alimentos	Nutrientes	Quantidade por dia
Pão, massa, arroz, batatas	Hidratos de carbono (dão energia ao corpo), vitamina B e ferro.	6 a 11 porções
Vegetais (hortaliças)	Hidratos de carbono, vitaminas (C, A, K, E, ...) e minerais	3 a 5 porções
Fruta	Hidratos de carbono, vitaminas (A, C, ...), fibra	2 a 4 porções
Leite, iogurtes, queijo	Cálcio, proteínas	2 a 3 porções
Carne, peixe, feijões, ovos	Proteínas	2 a 3 porções
Gorduras, óleos e doces	Gordura, hidratos de carbono e calorias	Pouca quantidade

O azeite, em cru, é muito bom para o coração e doenças circulatórias. Além disso, não produz colesterol, é muito digestivo e não engorda. Por conter vitaminas (principalmente E), atrasa o envelhecimento e é fonte de saúde.

Joaquim

Pequeno-almoço
Cereais de chocolate, banana.

Almoço (cantina da escola)
Uma fatia de piza com batatas fritas. Molho de tomate e um refrigerante.

Lanche
Um donut, um refrigerante e um pacote de batatas fritas.

Jantar
Hambúrguer com batatas fritas e salada de alface. Uma pêra.

EXERCÍCIO S

Observa a fotografia.

1. *Que tipo de bebidas te parecem ser as seguintes?*

   (alcoólicas, gaseificadas ou outras?)

2. *A que grupo da pirâmide alimentar pertencem os alimentos que vês na mesa?*

EXERCÍCIO T

Escolhe a resposta correcta.

1. *Tanto o Joaquim como a Ana têm uma dieta:*
   - *Equilibrada*
   - *Desequilibrada*

2. *O Joaquim come em demasia:*
   - *Vegetais*
   - *Leite, iogurtes e queijo*
   - *Gorduras, óleos e doces*

3. *A Ana tem uma alimentação deficiente em:*
   - *Vegetais*
   - *Fruta*
   - *Açúcar, gordura*

4. *Os nutrientes que faltam tanto ao Joaquim como à Ana são:*
   - *Cálcio e proteínas*
   - *Calorias*
   - *Vitaminas*

Conselhos para uma boa refeição

Faça da refeição um momento de prazer

Não coma depressa e engula bem os alimentos

Evite as bebidas alcoólicas, gaseificadas e alimentos ricos em açúcar

Engula toda a comida antes de dar uma nova mordidela

Beba água regularmente (pelo menos 1 L por dia)

Coma várias vezes por dia e respeite o horário das refeições

EXERCÍCIO U

1. *Imagina que vais ajudar o Joaquim e a Ana a comer melhor. Tendo em conta a informação obtida nestas páginas, escreve três conselhos que darias a cada um.*

2. *Faz tu agora uma lista dos alimentos que comeste ontem durante as seguintes refeições: pequeno-almoço, almoço, lanche e jantar. A seguir, vê que aspectos da tua dieta precisas de melhorar.*

Ana

Pequeno-almoço: Chávena de chá sem açúcar e uma fatia de pão integral.

Almoço: um copo de água sem gás, uma salada de alface, um iogurte natural magro com frutos secos. Fruta.

Lanche: salada de frutas.

Jantar: sopa de legumes, água mineral e uma posta de peixe não gorduroso.

SOCORRO!
Comi tanto que agora não consigo sair daqui!

FALANDO DE (SUPER)

Angola

É um país pouco desenvolvido, até considerado de terceiro mundo. Em comparação com Portugal, a alimentação é má, principalmente no que diz respeito à conservação dos alimentos.

Em Portugal, existem muitos supermercados e lojas onde se podem comprar alimentos de boa qualidade, enquanto que, por cada cinco supermercados em Portugal, em Angola só há um.

Devem estar curiosos por saber onde, então, se faz a maioria das compras.

Em Angola, existem praças ou mercados onde se encontra de tudo: alimentos, roupa, calçado, electrodomésticos, etc. Muitos desses produtos são roubados por trabalhadores que, sendo muito mal pagos, tentam fazer negócio nas praças.

EXERCÍCIO V

Observa com atenção estas duas páginas e responde às perguntas.

1. *Pensa em cinco vantagens que os supermercados têm em relação aos mercados de rua. Escreve-as no teu caderno.*
2. *Que vantagens tem o mercado de rua em relação a lojas individuais de alimentação (ex. peixaria, frutaria, padaria, etc.)?*
3. *Na fotografia acima podes ver uma pessoa a vender mel na rua. Que tipo de alimentos geralmente vês a serem vendidos na rua?*
4. *No anúncio aos supermercados "Jumbo" pode ler-se "Serviço Satisfação ou Reembolso". Explica o significado desta expressão publicitária.*
5. *Agora a tua opinião! Onde preferes fazer compras? (supermercado, mercado de rua ou lojas especializadas em cada tipo de produtos alimentares) Porquê?*

Os meus espinhos já começaram a cair de tanto carregar sacos das compras!

Serviço de entrega ao domicílio

Características:

- De 2ª a domingo.
- Entregas no próprio dia ou no dia seguinte.
- Num raio de 15 Km.
- Compra mínima €70.
- Preço do serviço:
  - na loja €3.
  - por telefone €4.
  - via Internet €4.

Funcionamento

Na loja

- Faça as suas compras como habitualmente.
- Quando chega à caixa, antes de pôr os artigos, solicite o S.E.D.
- Indique a data de entrega, a sua morada e pague como habitualmente.
- Na data estabelecida, receberá sem nenhum problema as suas compras.

SERVIÇO AO DOM

SERVIÇO ENTREGAS AO DOMICÍLIO

LOJAS DO R/C

OSA DAS MALHAS

EIXARIA MARTINS
EIXARIA ZE DO PEIXE
EIXARIA ARLETE
URIVESARIA CONSTANCA
O RAPIDO DO MERCADO
TALHO JOSE CEPEDA
TALHO-SALSICHARIA EURICO
CASA LAMAS
TALHO-SALSICHARIA DESIDERIO
TALHO QUINTELA
TALHO-SALSICHARIA O JOÃO
O AMANDIO-SAPATARIA DA ALEGRIA
MINI-MERCADO MARINHEIRO
LOUCAS MELITA
FUMEIRO REGIONAL
A LOJINHA
CASA VINHAS
ARTESANATO MARIO CORREIA
PADARIA CERIZ
PADARIA SERAMOTA
PADARIA RIBEIRO
FRUTAS ARAUJO & FILHOS

FRUTARIA REIS
SERVICOS DE METROLOGIA

LOJAS DO 1º PISO

ADAB
DECO PRENDA
SALÃO FEMINA
MCM MODELISMO
SNACK-BAR O CHURRASCO
LAVANDARIA DO MERCADO

MENDES ELECTRICISTA

LOJA DAS VARIEDADES
BAU DO ARTESANATO
ERVANARIA ALINATURA
SAPATARIA BALLY

BIJOUTERIA GOLD

Serviço Satisfação ou Reembolso.
Aqui o cliente tem sempre razão.

VIDA JUMBO. PORQUE VOCÊ MERECE MAIS. jumbo

EXERCÍCIO W

Lê os nomes das lojas existentes no centro comercial de Mirandela e decide em que lojas podes comprar os seguintes produtos.

Arroz

Pescada

Chouriço e farinheira

Berbigão

Carne de vitela

Bica e folhado

Cerejas e uvas

Leite e iogurtes

Frango

Pão de forma

Não há nada melhor do que andar com o carrinho das compras no supermercado!

Imagem 1

EXERCÍCIO X

Com base nas imagens, responde às perguntas.

1. Que diferenças encontras entre o restaurante na imagem 2 e o da imagem 4 em termos de estilo?
2. O que estão as pessoas a comer na imagem 2? E a beber?
3. A imagem 1 mostra um bufete numa ocasião especial. Que ocasião poderá ser?
4. Contrasta a forma como os senhores das imagens 1 e 2 estão vestidos. Parece-te que estão apresentados de acordo com o tipo de restaurante? Justifica.
5. A imagem 1 mostra fruta, vegetais e carne. Tenta identificar cada tipo de alimento.

Imagem 2

obrigado

Imagem 3

EXERCÍCIO Y

Observa a imagem 3.

1. Qual é o nome desta cadeia de restaurantes?
2. Que tipo de comida fornece?
3. Explica por palavras tuas o que significa "Fast Food".
4. Que tipo de nutrientes tem este tipo de comida em particular?
5. Por que razão está escrita a palavra **obrigado** no restaurante?

Imagem 4

Imagem 5

EXERCÍCIO Z

Responde às perguntas.

1. Compara as fotografias 5 e 9. Em qual dos lugares gastarias mais dinheiro?
2. Redige um possível diálogo que o senhor da imagem 9 terá travado com o vendedor.
3. Descreve o ambiente do bar da imagem 5. O que pedirias para beber se lá estivesses?
4. Observa agora os três anúncios de bebidas. Dois deles apresentam imagens opostas. Quais são os anúncios e de que modo se distanciam?
5. Onde é produzido o vinho do Porto?

Hummm... Está mesmo a apetecer-me uma bebida fresquinha...

Imagem 6

Imagem 7

Imagem 8

Imagem 9

FAZENDO DA VIDA UMA FESTA

xadrez

natação

EXERCÍCIO A

A vida é para ser vivida com alegria e energia. Na página seguinte, lê o que vários jovens nos dizem sobre os seus tempos livres. A seguir, responde às perguntas.

1. *Quem te parece ser a pessoa mais activa?*
2. *Quem gosta de ir a bailes e romarias?*
3. *Qual destes jovens revela uma maior mudança de gostos com o passar dos anos?*
4. *Quem disse gostar de ler?*
5. *Quem te parece ser a pessoa mais desportiva?*
6. *Que tipo de desportos são referidos?*
7. *Quem disse querer travar novas amizades?*
8. *Quem te parece ter um gosto maior por cultura?*
9. *Quem tem os tempos livres mais parecidos com os teus?*
10. *E quem tem gostos diferentes dos teus?*

discotecas

karaté

livros

música

MUSEUS

DANÇA

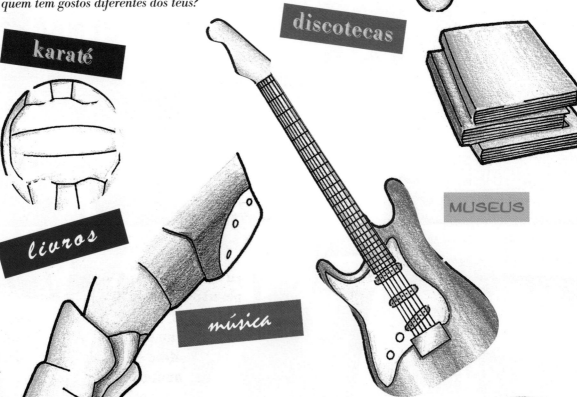

futebol

ginástica

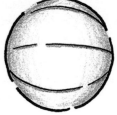

ALEXANDRE, PORTUGUÊS

COMPRAR ROUPA

Nos meus tempos livres, gosto de ler, de ouvir música, adoro passear, visitar museus e ir ao cinema. Também gosto de ir à discoteca e de fazer aeróbica. Mas um dos meus passatempos favoritos é comprar roupa.

Tzira, Guiné-Bissau

LUBES

gosto de ver televisão e de sair com amigos. Mas gosto muito de ir a clubes desportivos. Aos sábados, temos sempre jogos. Depois do jogo, vamos a qualquer lado: ao cinema, a um bar ou ficamos a jogar às cartas.

Conhecer novas Tartarugas!
O meu passatempo preferido é dar-me a conhecer a novas tartarugas para trocarmos ideias, opiniões, fazer amizades e, quem sabe, se assim não arranjarei uma namorada?

Elina, portuguesa

Virgínia, Angola

LER

Eu não sou uma pessoa muito activa.
Por vezes, prefiro ficar em casa a ler em vez de sair. Também gosto mais de ver desporto do que de o praticar o que é estranho já que, quando era mais nova, fazia natação, karaté e dança. Até estive num clube de xadrez! Durante as férias, também gosto de conhecer novas pessoas e de fazer coisas novas.

JOGOS, DANÇA

meus tempos livres, vejo muita televisão, jogo com olas, dou voltas pelos montes com a minha cadelita. ois, jogo com a minha irmã e leio livros interessantes. sto também de jogar futebol com os meus amigos e de à piscina. Também me divirto a ir às festas da cidade. Geralmente, vou com amigos para ouvirmos a música e para dançarmos.

O JOVEM BRUNO
FALA-NOS ACERCA DAS
SUAS PREFERÊNCIAS

BRUNO
BATALHA

ADORA

DETESTA

MÚSICA

Rock e Pop. Também adoro *reggae* e *soul*. Mas se estiver a dançar com uma rapariga jeitosa, o meu estilo preferido é o *slow!*

ROUPA

Roupa desportiva! Gosto de andar à vontade. Também gosto de calças de ganga.

FÉRIAS

Adorei ir a Moçambique e a S. Tomé e Príncipe! O tempo é estupendo e há paisagens incríveis!

DESPORTO

Sou muito activo! Jogo futebol e râguebi. Faço natação e musculação 3 vezes por semana. Também me atraem os desportos radicais e surf.

CURSOS

Informática e Línguas. Sem computadores não arranjas emprego e sem Línguas não consegues comunicar com outros povos!

FILMES

Adoro filmes de terror e comédias. Mas os meus preferidos são os filmes de acção e de aventuras.

TV

Gosto de ver desenhos animados e séries juvenis. Claro, gosto de ver filmes e algumas telenovelas (só de vez em quando...).

TEMPOS LIVRES

Jogar computadores e comunicar com outros jovens pela Internet. Gosto de sair com amigos, tocar viola e acampar.

Não gosto muito de bandas demasiado barulhentas como algumas bandas americanas de *Heavy Metal*.

Detesto roupa demasiado larga (do estilo de cantores de Rap) porque esconde o meu corpo musculoso! Um rapaz tem de se defender, né?

As minhas piores férias foram quando fui a Marrocos. Eu até gostei do país, mas ter levado a minha irmã comigo foi a pior ideia que já tive!

Odeio jogar golfe ou correr. Uma vez fui de encontro a um poste quando estava a correr e fiquei com uma marca no nariz durante uma semana!

Uma vez resolvi tirar um curso de meditação, mas não consegui concentrar-me o suficiente e acabei por ser expulso das aulas!

Não gosto nada de filmes parados, tipo "filosófico". A minha irmã diz que é por eu não conseguir entendê-los, mas ela é parva.

Detesto ver alguns desportos, como, por exemplo, ténis, golfe e Fórmula 1. Desligo logo a televisão! Também não me agradam séries melodramáticas.

Não gosto de nada que envolva ficar em casa durante muito tempo. Por exemplo, nunca seria capaz de coleccionar selos ou moedas! Também não me agrada jardinagem.

EXERCÍCIO B
Dá cinco exemplos de actividades que, tal como o Bruno, também gostes de fazer.

EXERCÍCIO C
Agora faz o mesmo para actividades que detestes.

Os meus passatempos favoritos são comer e dormir!

EXERCÍCIO D

Lê o que o Bruno faz nos tempos livres e relaciona cada uma das seguintes fotografias com as suas preferências.

PLANOS FURADOS

1. A AGENDA DO BRUNO

Julho

14 Segunda

10h: apanhar camioneta para a praia da Caparica com Ana e João

15 Terça

Todo o dia: Parque aquático "Splash"

16 Quarta

Andar de bicicleta no JARDIM

17 Quinta

Namoro: 11h: Laura no jardim
14h: Josefa na pastelaria "Doces"
18h30: Catarina (ida ao teatro)

18 Sexta

Festas da cidade:
10h30: Teatro de Marionetas

19 Sábado

?????????

Hoje vou à piscina nadar, amanhã vou patinar no gelo e no fim-de-semana vou ao teatro e a uma discoteca! Sou uma tartaruga espectacular!

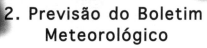

2. Previsão do Boletim Meteorológico

Segunda-feira, vai ser um dia nublado com possibilidades de chuva forte e rajadas de vento.
Para quarta-feira, prevê-se um calor exagerado para esta altura do ano (cerca de 45°C) e trovoada.

3. Bilhete

Bruno,   16/7
Tenho duas notícias para te dar: a 1ª é que a tua bicicleta ainda não foi arranjada pelo mecânico; a 2ª é que a tua tia Gertrudes convidou-te para ires almoçar com ela às 2 horas amanhã.
Beijos,

mãe

4. Notícia de última hora
14 DE JULHO

...s crianças morreram hoje no Áqua-Parque "Splash". As duas ...as de 6 e 7 anos foram encontradas já sem vida às 17 horas. De ...omento ainda não se sabe exactamente o motivo da sua morte, mas tudo indica que terão sido vítimas da pouca segurança existente no parque. Como resultado, o parque vai permanecer fechado durante, pelo menos, duas semanas.

Onde estão os travões?

PRAIA P

PRAIA

EXERCÍCIO E

Com certeza já leste os planos do Bruno para a semana (1.) e os textos de 2. a 5. Com base na tua leitura, responde às perguntas.

1. *Que actividades vai o Bruno ter de cancelar? Porquê?*
2. *O Bruno vai ter de alterar a maioria dos seus planos. Ajuda-o a planear de novo a sua semana.*
3. *O Bruno ainda não decidiu o que vai fazer no sábado. Tendo em conta o que o horóscopo diz, organiza esse dia da melhor forma possível.*

EXERCÍCIO F

BLÁ BLÁ

Observa as fotografias e relaciona cada uma delas com os planos do Bruno.

EXERCÍCIO G

Escolhe uma destas fotografias e a partir dela imagina e redige uma história.

Os meus astros dizem que esta semana vai ser de ARROMBA!

5. PEIXES (19 FEV — 20 MAR)

Raparigas: evita encontrar-te com quem namoras esta semana, pois poderás sofrer uma grande desilusão.

Vida: nem tudo vai correr como desejas. Está atento ao que se passa à tua volta para não sofreres grandes decepções.

Problemas: família e amigos nem sempre vão estar dispostos a seguir os teus planos. Tenta ficar calmo, pois os planetas não giram à tua volta!

Diversão: se achas que vais ter uma semana "de cão", anima-te! Sábado vai ser o dia em que a tua vida social vai voltar ao normal. Aproveita a sorte dos astros e diverte-te ao máximo!

SER OU NÃO SER,
EIS A QUESTÃO

Eu SOU médico e SOU da Malásia. A Malásia
É um país já bastante desenvolvido.
Neste momento, eu ESTOU num casamento
em Portugal e ESTOU a divertir-me muito!
Algumas raparigas acham que eu SOU o
máximo a dançar. Concordam?

O rapaz que ESTÁ
a tocar É bastante
simpático e alegre.
Ele ESTÁ de
pernas cruzadas e
ESTÁ sentado num
banco de jardim.
Ele É relativamente
alto e É músico nas
horas vagas.

ESTAR de
cabeça para
baixo É o meu
passatempo
favorito.

EXERCÍCIO H

Completa as frases com **são**
ou **estão**:

1. _____ irmãos.
2. _____ portugueses.
3. _____ de Angola.
4. _____ em Luanda.
5. _____ empregados de mesa.
6. _____ no restaurante.
7. _____ namorados.
8. _____ sentados.
9. _____ contentes.
10. _____ enfermeiras.
11. _____ gulosos.
12. _____ doentes.

A Expo' 98 em Lisboa FOI um
espectáculo que adorei.
Mas ESTAVA cá uma brasa ...

EXPO'98
BILHETE 1 DIA

Nós SOMOS um grupo de jovens
(quase todos portugueses) e
ESTAMOS a sorrir porque
ESTAMOS a cantar canções
alegres e muito divertidas.
SOMOS todos amigos e
ESTAMOS muito animados!
(Não, não foi do vinho!)

SER	ESTAR
Permanente	**Temporário**
1. Lugar ou posição Ex.: O Hotel "Espaço" é perto da praia.	**1. Lugar ou posição** Ex.: O Pedro está no Hotel "Espaço".
2. Características Ex.: A praia é muito bonita.	**2. Características** Ex.: A praia está limpa ou suja?

EXERCÍCIO I

Completa as frases com as seguintes formas dos verbos **ser** ou **estar**:

é - são - está - estão

1. A recepção do Hotel _____ no rés-do-chão.
2. As chaves dos quartos _____ na recepção.
3. O quarto do Rui _____ muito confortável.
4. A cama dele _____ larga.
5. A prancha de surf _____ em cima da cama.
6. As janelas do quarto _____ grandes.
7. A varanda _____ pequena.
8. As janelas _____ abertas.
9. O Rui _____ no quarto.
10. Ele _____ sentado ao sol na varanda.

EXERCÍCIO J

1. Lê a mensagem seguinte e transcreve duas frases com o verbo SER e outras duas com o verbo ESTAR. Explica o uso dos dois verbos em cada frase.

2. Explica a diferença entre:
- *Estou a estudar / Sou estudiosa*
- *Estou muito atarefada / Sou muito atarefada*
- *Estou triste/ Sou triste*

CORREIO ELECTRÓNICO

PARA:

Olá Paula,

Desculpa só agora responder ao teu e-mail, mas, como sabes, sou muito preguiçosa. Para mais, tenho muitos trabalhos da escola. Agora, estou a estudar História para o meu teste de amanhã! É horrível passar tanto tempo agarrada aos livros com o sol a brilhar lá fora, não achas? Mas eu preciso de ter boas notas…

Já sabes o que vais fazer no Verão? Os meus pais vão estar em Moçambique durante duas semanas. Porque é que não vens connosco? Os meus pais são impecáveis e iriam adorar a tua companhia. Neste momento estão muito atarefados a arranjar as viagens, hotel, a escolher excursões interessantes em Moçambique, etc., etc. Por isso, ainda vais a tempo!

Bom, tenho de voltar aos estudos (a minha professora de História é daquelas que não perdoa e está sempre a ralhar!!).

Envia-me uma mensagem a dizer o que achas sobre o meu convite, está bom?

Beijinhos e deseja-me sorte para amanhã.

Marta.

3. SER ou ESTAR?

a) As pedras _____ grandes.
b) A menina _____ sentada.
c) Ela _____ alta.
d) Ela _____ vestida à Inverno.
e) Ela _____ a olhar para a máquina fotográfica.

89

Alexandre (Brasil)

Tenho dezassete anos e, de momento, estou estudando como um maluco. Mas, claro, é nesta idade que fazemos mais esportes que nunca. O problema é balançar os dois corretamente para um não atrapalhar o outro.

Vou para a escola cinco dias por semana, o que ocupa mais da metade do meu tempo, mas na escola é que faço a maioria dos esportes.

Nas terças-feiras, logo depois da escola, jogo ténis de mesa com um grupo. Isso me dá acesso a vários campeonatos durante o ano todo em muitos lugares diferentes e interessantes.

Nas quartas-feiras, organizamos jogos de futebol americano, mas nunca temos certeza se vamos jogar. Futebol americano é um jogo muito físico e violento.

Gosto do esporte porque adoro pular em cima de pessoas e paralisá-las.

Nas sextas-feiras, jogo futebol na escola com a maioria dos meus amigos e jogamos por duas horas e quando termino fico tão cansado que tenho dificuldade em chegar a casa.

Tenho planos em voltar a fazer musculação porque quando eu tinha catorze anos fiz musculação por seis meses e estava adorando o resultado, porque eu era muito seco e estava ficando um "boizinho".

EXERCÍCIO K

Lê o texto sobre o Alexandre e decide se cada afirmação é verdadeira, falsa ou não se sabe.

1. *O Alexandre faz mais desporto do que estuda.*
2. *Todos os desportos que faz são em grupo.*
3. *Ele não gosta de futebol americano por ser muito violento.*
4. *O Alexandre queria ter mais tempo para fazer desporto.*
5. *Todas as quartas-feiras ele joga futebol americano.*
6. *O Alexandre quase não consegue chegar a casa porque fica com dores nas pernas.*
7. *O horário do ténis de mesa é pós-escolar.*
8. *Há já três anos que ele não pratica musculação.*
9. *O Alexandre já tem entrado em várias competições.*
10. *O Alexandre quer tornar a fazer musculação para ficar com um corpo mais bonito.*

Quando vais começar as tuas aulas de aeróbica? Estás mesmo a precisar!

Não sei o que queres dizer com isso. Já agora, porque é não te vais **inscrever** nas aulas de musculação? Daqui a pouco nem **vais ter** força para carregares essa carapaça!!

Ir + infinitivo

Nas férias de Natal, **vou esquiar**.
Na Páscoa, **vamos patinar** no gelo com vocês.
No próximo Verão, eles **vão correr** a maratona.
O que é que tu **vais fazer** no fim-de-semana?

O que vais fazer nas férias??

Daniel — Eu estou a pensar em ir acam_____ com amigos perto da praia.

Rui — Pensei que fosses fazer desporto!!

Daniel — E vou! Na praia vou _____dar, fazer surf e bodyboard. Também vou _____gar voleibol de praia. É super giro!

Rui — Pois eu e o meu irmão vamos fazer monta_____ com os escuteiros, vamos fazer _____noagem e andar de bici_____ta no campo. Vai ser óptimo!

EXERCÍCIO L
Completa o diálogo entre o Daniel e o Rui.

EXERCÍCIO M
Observa as fotografias e decide qual das actividades requer as seguintes capacidades.
Porquê?
1. *Ritmo*
2. *Coordenação*
3. *Concentração*
4. *Equilíbrio*
5. *Agilidade*
6. *Coragem*
7. *Reflexos*
8. *Saber nadar*
9. *Sentido de orientação*
10. *Firmeza de movimentos*

EXERCÍCIO N
De todos os desportos mencionados qual é...
1. *... o mais perigoso?*
2. *... o mais divertido?*
3. *... o mais invulgar?*
4. *... o menos social?*
5. *... o que mais benefícios te dá?*
6. *... o mais difícil de praticar?*
7. *... o que tu gostarias mais de praticar?*
8. *... o que te parece mais aborrecido?*

91

FESTAS

O Carnaval

O Carnaval começou por ter uma origem religiosa. Considerando que, durante a Quaresma, os crentes não podiam divertir-se, beber álcool, frequentar festas ou participar em banquetes, a festa do Carnaval, ao anteceder a Quaresma, permitia que a população se desinibisse e gozasse a vida com alegria e espírito festivo.

Ao longo dos séculos, a festa do Carnaval foi perdendo a sua motivação religiosa, sendo hoje em dia uma festividade pagã.

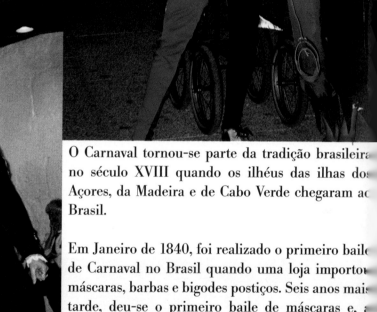

O Carnaval tornou-se parte da tradição brasileira no século XVIII quando os ilhéus das ilhas dos Açores, da Madeira e de Cabo Verde chegaram ao Brasil.

Em Janeiro de 1840, foi realizado o primeiro baile de Carnaval no Brasil quando uma loja importou máscaras, barbas e bigodes postiços. Seis anos mais tarde, deu-se o primeiro baile de máscaras e, a partir de 1855, apareceram os primeiros clubes carnavalescos. Hoje em dia, o Carnaval brasileiro é uma das festas mais espectaculares com mascarados pelas ruas, escolas de samba e a ornamentação deslumbrante dos carros alegóricos.

EXERCÍCIO O

Substitui as palavras destacadas por outras, de modo a não alterares o sentido da frase.

1. **Seis** anos mais tarde, **deu-se** o primeiro baile de máscaras.
2. **Ao longo dos séculos**, o Carnaval foi perdendo a sua motivação religiosa.

EXERCÍCIO P

Responde às perguntas.

1. *Quem levou o Carnaval para o Brasil?*
2. *Quando foi realizado o primeiro baile de Carnaval no Brasil?*
3. *Que fantasias foram usadas pelas pessoas?*
4. *Por que razão o Carnaval começou por ser antes da Quaresma?*
5. *Explica o que torna o Carnaval no Brasil tão deslumbrante.*

Os santos populares

Junho é o mês em que se celebram os Santos Populares em Portugal. Os arraiais proliferam por várias cidades (entre elas, Lisboa e Porto) com bandas de música popular, bailaricos de rua, barracas a vender sardinhas assadas, cerveja, farturas e outras iguarias. Por todo o lado se vendem manjericos. Cada bairro apresenta a sua procissão com trajos tradicionais, música alegre e ornamentos coloridos como lanternas e flores. Toda esta azáfama contribui para o ambiente festivo, para a alegria esfuziante que se sente nestes dias de folia.

Os principais santos festejados:

Santo António é principalmente festejado em Lisboa e é celebrado como santo casamenteiro.

São João é festejado no Norte, principalmente em Braga e no Porto. Nas estátuas é representado com um cordeiro. Canções em seu nome são várias e acompanhadas de dança.

São Pedro é festejado nas zonas marítimas por ter sido um pescador. Nas estátuas, é representado como um velho.

AS FESTAS EM CABO VERDE

...ci: "Gosto muito de assistir ao Festival da Baía. ...ma festa que se faz na praia onde vão cantores ...to famosos cantar. Por esta altura, reúnem-se ...tas pessoas de ilhas diferentes de Cabo Verde. ...a festa é muito conhecida porque muitos turistas ...ão presentes.

...esta de S. João é quase igual à da Baía, mas ...enos importante. Todo o mundo sai a dançar ...a rua e há gente a tocar tambor. É muito ...nita."

Carnaval
A Festa da Cultura e da Fantasia

EXERCÍCIO Q
DESCOBRE!
- **uma semelhança** *entre o Carnaval, os Santos Populares, a Festa da Baía e a de S. João.*
- **uma diferença** *entre o Carnaval e os Santos Populares em termos de música.*

EXERCÍCIO R
Completa o texto.
1. *Os Santos Populares são festejados no mês de _____ em várias _____. Nas ruas, _____-se ao som de música _____;nas barracas _____-se sardinhas,_____, _____ e_____ .*
2. *O festival da Baía tem lugar na _____ e muitos _____ vão lá cantar. A festa atrai muitos _____ e pessoas de outras _____ do País.*

Não ...i se já te disse, mas há uma ...sa chamada GEL, que é muito ...icaz em casos como o teu...

DIZER (irregular)

Presente e Pretérito Perfeito do Indicativo			
Singular		**Plural**	
Eu	digo/disse	Nós	dizemos/dissemos
Tu	dizes/disseste		
Você/ O Sr./ A Sra.	diz/disse	Vocês Os Srs. As Sras.	dizem/disseram
Ele/Ela	diz/disse	Eles/Elas	dizem/disseram

No circo

"A pequenada aplaudia com alegria e o palhaço, agradecendo, lá ia fazendo mais "palhaçadas" e divertindo a multidão de espectadores." Estas palavras podiam ser ditas em relação a qualquer circo no Mundo!

O circo é um espectáculo lindo; os malabaristas surpreendem-nos com a sua capacidade de equilíbrio, os palhaços divertem-nos com as suas piadas e números ensaiados, o domador de animais traz-nos leões e tigres a saltarem círculos, os acrobatas fazem-nos invejar o seu corpo ágil e flexível, enquanto o trapézio nos traz receio, espanto e admiração.

O ambiente que se vive no circo é mágico; as cores vivas e o requinte das vestes, o brilho das luzes, os animais, o constante movimento de pessoas e cenários, a música, os aplausos e as risadas transportam-nos para um mundo irreal, onde a tristeza, a dor e as preocupações não entram.

Durante o espectáculo, sentimo-nos bem com o mundo e com todos, simplesmente porque esse mundo temporário que o circo nos traz é maravilhoso e a cada riso e a cada aplauso sentimo--nos renascer das cinzas e saímos da tenda com um sorriso nos lábios.

EXERCÍCIO S

O que é que cada uma destas pessoas sabe fazer?

❖ Um malabarista
❖ Um palhaço
❖ Um trapezista
❖ Um domador
❖ Um acrobata

SABER (irregular)

Presente do Indicativo

Singular		Plural	
Eu	sei	Nós	sabemos
Tu	sabes	Vocês/ Os Srs. As Sras.	sabem
Você/ O Sr./ A Sra.	sabe	Eles/ Elas	sabem
Ele/Ela	sabe		

EXERCÍCIO T

Responde às perguntas.

1. Que jogos de cartas sabem os teus amigos jogar?
2. Sabes jogar xadrez?
3. Os teus pais sabem conduzir?
4. Sabes contar anedotas?
5. Que desportos é que tu e os teus colegas sabem fazer?

Sabem o que Sócrates quis dizer com "Só sei que nada sei"? Eu desconfio que sei, mas não sei mesmo se sei...

EXERCÍCIO U

Explica o significado dos seguintes provérbios.

✱ Mais vale um gosto na vida do que seis vint na algibeira.

✱ Esta vida são dois dias e o Carnaval são trê

✱ Não deites foguetes antes da festa.

✱ À boda e ao baptizado não vás sem ser convidado.

Na fila para comprar bilhetes!

Daniel — Eh, pá! Tanta gente na fila! Nunca mais nos despachamos hoje!

Joana — Não faz mal. Assim temos mais tempo para pôr a conversa em dia. Olha, amanhã queres ir passear ao jardim? A minha mãe não se importa que eu vá contigo desde que me tragas a casa depois.

Daniel — Amanhã não sei se me dá jeito. Temos teste de História na quarta-feira, não te esqueças.

Joana — Pois é. Que chatice! Bom, afinal que filme é que vamos ver?

Daniel — Porque não vamos ver "Poder Absoluto"? Dizem que é espectacular!

Joana — Eu preferia ver "O Mentiroso Compulsivo". A Rita diz que é de morrer a rir. Olha, chegou a nossa vez.

Funcionária — Boa tarde. O que desejam ver?

Daniel — Queríamos dois bilhetes para o filme "O Mentiroso Compulsivo", por favor.

Funcionária — Para que sessão?

Joana — Para a sessão das 16h40m, se for possível.

Funcionária — Infelizmente, os bilhetes estão esgotados para essa sessão.

Daniel — Então, queríamos dois bilhetes para o filme "Poder Absoluto". Se tiver lugares na última fila agradecíamos.

Funcionária — Já não há bilhetes para esta sala.

Daniel e Joana — Então, o que é que ainda podemos ver?

EXERCÍCIO V

Verdadeiro, falso ou não se sabe?

1. O Daniel e a Joana são namorados.
2. A Joana gosta de comédias.
3. A mãe da Joana não confia no Daniel.
4. Eles gostam de se sentar perto do ecrã do cinema.
5. A Joana não gosta de História.
6. Eles não vão à sessão da noite porque a Joana não pode chegar tarde a casa.
7. O Daniel gosta de filmes de acção.
8. Havia muita gente a comprar bilhetes.
9. O Daniel e a Joana estão na fila durante muito tempo.
10. O Daniel ficou impaciente quando viu o tamanho da fila.

EXERCÍCIO W

Com base no anúncio, completa o texto.

O cartaz está a anunciar uma _____ que vai ter lugar na _____. O espectáculo começa às _____ da _____ e calha a um _____, dia ____ de _____.

O apelido dos três _____ são: _____, Salgueiro e _____. Os grupos de _____ vão ser ___: um virá de _____ e outro de _____.

Os _____ serão seis no total. Esta é a grande _____ de toiros.

ESPECTÁCULO DE FADO

Arte & Fotografia

ESTILISMO-DESENHO DE MODA

FOTOGRAFIA PRETO E BRANCO

DESENHO/PINTURA

MÁSCARA

PESQUISAS PLÁSTICAS

FOTOGRAFIA COLORIDA

Rua Álvaro Müller, 151 - Guanabara / Fone: (019) 234-8148

CONVITE
Quer fazer uma aula de ballet?
Venha sem compromisso!
Estou te esperando!

ACADEMIA PROJETO1
Av. José de Souza Campos 252
(Via Norte-Sul) Nova Campin
Tel: 254 0156

EXERCÍCIO X

Como deves saber, há uma grande variedade de cursos interessantes que podes tirar. Observa atentamente os folhetos.

1. *Que curso(s) te interessa(m) mais? Porquê?*
2. *Qual destes cursos seria o mais difícil para ti?*
3. *Qual te parece que seria mais dispendioso? Justifica.*
4. *Qual destes anúncios está escrito em Português do Brasil?*
5. *Qual destes cursos te permite experimentar primeiro antes de te inscreveres?*

EXERCÍCIO Y

Atenta agora no anúncio da Escola de Vela da Lagoa (EVL) e responde SIM ou NÃO.

1. *A EVL apresenta dois níveis de dificuldade para o curso de windsurf.*
2. *A EVL aceita candidatos de qualquer faixa etária.*
3. *A EVL só empresta equipamento a participantes com idade superior a 12 anos.*
4. *Ninguém com idade inferior a 10 anos se pode inscrever no curso de windsurf.*
5. *A escola não funciona aos domingos.*

ESTÁGIOS

DE SEGUNDA A SÁBADO
6 LIÇÕES DE 3 HORAS

DAS 9H30 ÀS 12H30
DAS 14H30 ÀS 17H30

OPTIMISTA

DOS 6 AOS 12 ANOS

WINDSURF

DOS 10 AOS 14 ANOS
A PARTIR DOS 14 ANOS

INICIADOS / APERFEIÇOAMENTO

AULAS PARTICULARE

PARA TODAS AS IDADES - 1 HORA OU M

WINDSURF
CATAMARAN

A ESCOLA DE VELA DA LAGOA PÕE À DISPOSIÇ
DOS ALUNOS EM ESTÁGIO E COM IDADE INFER
A 12 ANOS. O MATERIAL NECESSÁRIO À
PRÁTICA: COLETES DE SALVAÇÃO. FATOS INTEGR
E OLEADOS (ATÉ LIMITE DO STOCK).

IMPORTANTE: A EVL SÓ ACEITA CLIENTES QUE SAIBAM NA

O Ouriço vai tirar um curso de cabeleireiro. Estou para ver!

TESTA AQUI A TUA PERSONALIDADE!

EXERCÍCIO Z

Responde ao questionário sem fazer batota!

1. Qual é o teu tipo de filme preferido?
- a. Crime e mistério
- b. Romântico
- c. Comédia
- d. *Steamy movie*
- e. Clássico a preto e branco
- f. Acção

2. Qual destas palavras mais se adequa a ti?
- a. Terrestre
- b. Sentimental
- c. Divertido
- d. Exótico
- e. Elegante
- f. Enérgico

3. Qual destes animais mais gostarias de ter?
- a. Cão
- b. Gatinho fofo
- c. Chimpanzé
- d. Cobra
- e. Cavalo
- f. Papagaio

4. A que tipo de festa preferias ir?
- a. Uma festa de inauguração de casa
- b. Uma festa íntima
- c. Uma discoteca
- d. Um baile sumptuoso
- e. Uma festa-cocktail
- f. Uma festa de gala

5. Onde gostarias de viver?
- a. Numa casinha no campo
- b. Num castelo
- c. Numa casa nova
- d. Num apartamento luxuoso
- e. Numa cabana
- f. Numa casa perto do mar

6. Qual destes empregos te atrai mais?
- a. Político
- b. Enfermeiro
- c. Músico
- d. Director de uma revista de moda
- e. Empresário
- f. Instrutor de esqui

7. Que actividade mais detestarias fazer?
- a. Deveres escolares
- b. Passar uma semana no Antárctico
- c. Ler a semana toda
- d. Caminhar nas montanhas
- e. *Bungee Jumping*
- f. Não ir ao ginásio durante um mês

8. O que é que um fim-de-semana perfeito envolveria?
- a. Um passeio pelo campo
- b. Passar uma noite em casa com amigos
- c. Ir a festas
- d. Um jantar a dois num restaurante famoso
- e. Ir às compras
- f. Fazer desporto

9. Qual é a primeira coisa que fazes quando te levantas?
- a. Relaxar com uma chávena de chá
- b. Dar os bons-dias à tua família
- c. Ver televisão
- d. Tomar um banho ou duche relaxante
- e. Ouvir as notícias
- f. Fazer exercício

10. Onde gostarias de ir de férias?
- a. Quénia
- b. Provença, experimentar a comida e o vinho
- c. Califórnia
- d. Um hotel luxuoso em St. Tropez
- e. Veneza
- f. Percorrer a Europa de mochila às costas

> Agora toma nota do número de vezes que escolheste <u>a</u>, <u>b</u>, <u>c</u>, <u>d</u>, <u>e</u> e <u>f</u>. A letra que mais escolheste vai revelar a tua personalidade. Vê as respostas no caderno de Exercícios.

Vestuário e compras

AS CORES

singular		plural
amarelo	-a	-os -as
branco	-a	-os -as
castanho	-a	-os -as
cinzento	-a	-os -as
preto	-a	-os -as
vermelho	-a	-os -as
encarnado	-a	-os -as
verde		verdes
azul		azuis

cor-de-rosa
cor-de-laranja

EXERCÍCIO A

Escolhe a palavra certa.

1. O meu quarto é (vermelho/ vermelha/ vermelhos).
2. Alguns autocarros da Carris são (laranja/ laranjas).
3. Não gosto de sapatos (verde/ verdes).
4. A mala da minha professora é (castanha/castanho / castanhos).
5. **Aquele barco tem velas (brancas/ branco / pretos).**
6. Os olhos da minha gata são (azul/ verdes / verde).
7. A moto do meu irmão é (encarnada/ encarnado/ azuis).
8. **Hoje trago botas (preta/ pretas/ cinzenta).**
9. Gosto de vestir camisolas (cinzentas/ verde/ castanhos).
10. Tenho vestidos (amarelas/ rosa/ brancas).

A minha carapaça é cor-de -laranja e amarela, n o meu corpo é verde.

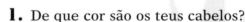

EXERCÍCIO B

Responde às perguntas.

1. De que cor são os teus cabelos?
2. De que cor é a bandeira da União Europeia?
3. De que cor são as portas da tua casa?
4. De que cor são as camisolas do F. C. Porto?
5. De que cores são pintados os galos de Barcelos?
6. De que cor são as calças da tua professora?
7. De que cor são os teus sapatos?
8. De que cor são os autocarros na tua cidade/vila?
9. De que cor é a bandeira portuguesa?
10. Sabes qual é a cor do cavalo branco de Napoleão?

LOJA AZUL
FUTEBOL CLUBE DO PORTO

AS CORES

1. As cores seguem as mesmas regras dos adjectivos.

2. As cores são geralmente usadas com o verbo ser, excepto em determinadas situações em que se usa o verbo estar.

*As paredes **estão** pretas. Vamos pintá-las de branco. Ó Nela, **estás** muito encarnada. Estás com febre?*

Nota: cor-de-rosa e cor-de-laranja não têm plural.

Caderno > A, B, C

TRAZER
(formas irregulares)
Presente do Indicativo

Eu	trago
Tu	trazes
Ele/ela/você	traz
Nós	trazemos
Eles/elas/vocês	trazem

Mercado em Goa, Índia

EXERCÍCIO C

Responde oralmente às perguntas.

1. Que cores têm as flores na imagem?
2. E os frutos?
3. De que cor está vestida a vendedeira?
4. De que cor são os sacos de plástico?
5. De que cor está vestida a cliente?

Galo de Barcelos

EXERCÍCIO D

O que é que eles trazem vestido?

99

USAR TRAZER VESTIR

A ROUPA

EXERCÍCIO E

Completa as frases com a ajuda do quadro ao lado.

1. Eu hoje _____ vestido umas calças de ganga e uma camisola amarela.
2. O que vais _____ à festa de anos da Josefa?
3. Os teus pais _____ óculos?
4. Todos os dias, eu _____ o meu irmão que só tem 6 aninhos.
5. Estas luvas estão tão apertadas que eu não as consigo _____!
6. A professora de Alemão hoje _____ uma saia aos quadrados e uma blusa às riscas. Parece que saiu da prisão!
7. O Rui ontem _____ meias de pares diferentes. Ficou mesmo cómico!
8. Os alunos _____ as suas roupas da escola e _____ os fatos-de-banho para nadarem na piscina.
9. Quando chego a casa, _____ os sapatos e _____ as minhas pantufas.
10. Em casa, gosto de _____ roupa confortável, como o pijama.

---

1. trazer / trazer vestido
- *O que é que **traz** vestido hoje?* — ***Trago** uma camisola e jeans.*

2. levar / levar vestido
- *O que é que **levas** vestido à festa?* — ***Levo** uma saia comprida.*

3. usar
- *Usas uniforme?*
- *O teu pai **usa** gravata?*
- *O vosso professor de Matemática **usa** óculos?*

4. a) **despir★** (ou tirar) despir-se — *Quando chego a casa, **dispo** o casaco.*

  b) **vestir★** (ou pôr) vestir-se — *Quando está frio, **visto** uma camisola de lã*

  c) ★**vestir** e ★**despir** são verbos com mudança de radical.

  d) **calçar** as luvas/ os sapatos, etc. — *Calças luvas no Inverno?*
  descalçar — *Quando chego a casa, **descalço** logo os sapatos.*

5. roupa de Verão / roupa de Inverno
  a roupa (singular) — *A minha roupa está no guarda-vestidos.*

6. o guarda-vestidos / o roupeiro / o guarda-fatos / o guarda-roupa: todas estas palavras são masculinas (singular) e têm o mesmo significado

7. Mais roupa:
  o fato-de-banho   o fato-de-treino   os calções
  os chinelos de praia   o pijama   o impermeável

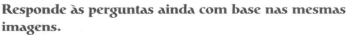

Hoje trazes um fato preto com uns efeitos muito giros nas costas (eh! eh!)

E depois?! Pois tu usas um casaco aos quadrados muito rústico!

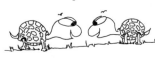

EXERCÍCIO F

Responde às perguntas ainda com base nas mesmas imagens.

1. Pela forma como as pessoas estão vestidas, onde pensas que se encontram?

2. Qual dos estilos apresentados te agrada mais? Porquê?

EXERCÍCIO G

Observa as roupas da página anterior e decide que peça de vestuário...

1. é preta e branca
2. tem riscas
3. é toda branca
4. é cor-de-rosa
5. é vermelha
6. tem enfeites
7. tem mangas compridas
8. tem colarinho
9. tem bolsos
10. tem fecho

"Quem é que disse que os modelos têm que ser altos, bonitos e elegantes?"

100

EXERCÍCIO H

Lê o seguinte texto substituindo as imagens pelas palavras correspondentes.

A minha mãe pediu à para lhe fazer um para uma festa. O meu pai preferiu comprar o seu numa loja de pronto-a-vestir. Eu escolhi levar um curto e uns a condizer.

O meu irmão teimou em levar à festa uns (simplesmente horríveis) e uns de montanhismo.

Para rematar, levou um na cabeça, um par de  que o meu pai usa para fazer jardinagem e um  que ficou mesmo a condizer com os calções!

Até parece que não tinha nada de jeito no  para vestir!

O que pensas da moda? Gostas?

Virgínia

Sim, gosto. Cada mulher tem de ser feminina. Eu sou da opinião que a moda deve ser seguida. A mulher foi criada para ser bonita, feminina e, sem dúvida, é para isso que a moda serve.

Eu não gosto muito da moda. Como é que hei-de dizer... eu gosto de roupa, mas não de marca. Mas às vezes gosto de receber.

Sílvia

Não, não gosto muito de moda, porque gosto de me vestir à minha maneira. Mas acho que para as pessoas que querem é bom, mas para mim não.

José Sousa

André

A moda a mim não me interessa muito.

EXERCÍCIO I

Quem...

1. Pensa que a moda tem a função de tornar a mulher mais bonita?
2. Considera que a moda não é importante?
3. Não tem uma opinião muito firme sobre o assunto?
4. Prefere o seu gosto pessoal à tendência da altura?
5. Poderá pensar que a roupa de marca nem sempre é a melhor?

BLA BLA

A moda... Não concordo, nem discordo, mas acho que é o máximo!

EXERCÍCIO J

1. *A moda é importante para ti?*
2. *Porque é que, aparentemente, a moda é mais importante para as mulheres do que para os homens?*

Que desastre!

18h30m do dia 26 de Junho.

Trinta minutos para o início da festa mais importante da escola do Bruno e ele está a jogar jogos de computador que um amigo lhe ofereceu quando, de repente, resolve dar uma espiadela no seu relógio digital... - "AAAHHHH! Seis e meia e eu ainda não sei o que levar à festa!!!" De um salto, o Bruno levanta--se, deitando a cadeira ao chão, tropeça nos fios do computador e cai desajeitadamente por cima de uma pilha de folhas soltas que tinha preenchido de apontamentos para os seus exames finais. No meio de uma confusão de papéis e fios, o Bruno olha estarrecido para o seu roupeiro, cuja porta ainda se encontrava escancarada desde manhã. Com o coração a bater mais rapidamente do que o habitual, o Bruno lembra--se de que ... - "Ó não! Esqueci-me de comprar roupa nova e não tenho nada para vestir!"

Olha de novo para o relógio, levanta-se de um salto e começa a tirar roupa do guarda-fatos para cima da cama. Despe-se com agilidade e começa a vestir-se. Primeiro, vestiu uma T-shirt amarela, de seguida, calçou uns sapatos cor-de-laranja, umas calças aos quadrados azuis e brancos com suspensórios pretos e, por fim, pôs um cinto azul escuro à volta das calças. Ajeitou o espelho na sua direcção e mirou-se de cima a baixo. - "Que horror!" - pensou - "Se aparecer assim na festa, além de ficar sem amigos, nenhuma rapariga vai querer dançar comigo nesta figura..." Rapidamente, tira a roupa toda e experimenta outra combinação: camisa com mangas de botões de punho, calças encarnadas de um fato-de-treino antigo, meias de seda cor-de-rosa e um chapéu preto de abas largas na cabeça. Por fim, calçou um par de sapatos brancos. Mas, de novo, o espelho foi implacável e a reacção do Bruno foi ainda pior do que a anterior. Mas, de repente, teve uma ideia... "Já sei! Vou ao roupeiro do meu pai ver o que posso levar!"

O guarda-roupa da Joana

A Joana é uma rapariga portuguesa que está a estudar em
Évora. Os pais mandam-lhe dinheiro para livros, mas ela gasta
quase tudo em roupa.

Vive num apartamento com mais duas amigas, uma é angolana
e a outra é brasileira. A Joana tem no quarto um grande guarda-
-fatos cheio de roupa e de calçado.

No guarda-roupa dela, há umas vinte blusas de todas as cores e
várias são de seda. Há muitas T-shirts e camisolas, há casacos
compridos e casacos curtos, dois impermeáveis e três guarda-
-chuvas.

A cor preferida da Joana é o azul. Ela tem muitas saias azuis,
muitas calças de ganga azuis ou pretas, e mais de vinte e cinco pares
de sapatos de salto alto e sem salto, botas, sandálias e ténis. Também
tem uma infinidade de meias, de lenços e de roupa interior.

Na estante da Joana há dois livros: "Inglês num mês" e "Os jovens e a moda". A verdade é que a
Joana pensa abrir uma loja de modas no Porto com o irmão e anda à procura de ideias novas.

EXERCÍCIO K

Diz se as seguintes frases são verdadeiras, falsas ou possíveis.

(1) A Joana compra muita roupa.

(2) A Joana tem muitos lenços verdes.

(3) Ela vive com três raparigas.

(4) Ela só tem vinte pares de sapatos.

(5) O guarda-roupa dela não está muito cheio de roupa.

(6) Ela compra muitas gravatas.

(7) A cor preferida da Joana é o amarelo.

(8) Quando está mau tempo, precisa de impermeável e de
chapéu-de-chuva.

(9) Pensa que o inglês é mais importante do que a moda.

(10) Usa sempre calças.

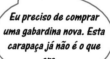

*Vou comprar dois pares
de sapatos...*

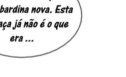

*Eu preciso de comprar
uma gabardina nova. Esta
carapaça já não é o que
era ...*

EXERCÍCIO L

O que é que o Bruno deve fazer para ir bem vestido à festa? Lê as várias opiniões. Com
qual concordas totalmente e com qual discordas? Primeiro, escreve a tua opinião e, a
seguir, lê-a à *Turma*.

Joana:
Acho que o Bruno precisa de
se preocupar mais com a
moda para não parecer tão
ridículo na escola. Eu sugiro
que ele vá a uma boa loja de
pronto-a-vestir com um
amigo em quem confie e que
ambos escolham um conjunto
de roupa que lhe fique bem.
Ele precisa de renovar o seu
guarda-roupa.

Dina:
Eu penso que o Bruno tem uma
atitude correcta perante a moda;
ele preocupa-se com o que deve
vestir, mas de uma forma
descontraída. Ele não liga muito a
marcas nem julga ninguém pela
roupa que usa. Se eu estivesse no
seu lugar, não comprava roupa
para a festa, mas tentava combinar
da melhor forma o que
tenho em casa.

Marco:
O Bruno nunca irá
conquistar uma garota se
não melhorar um pouco o seu
visual. Ele precisa de ver o que
há nas montras das lojas e de
melhorar a forma como combina
cores e estilos. Eu penso que ir ao
roupeiro do pai não irá resolver o
seu problema. Eu pediria uma
roupa emprestada a um
amigo para levar à festa.

Estilos

Nós gostamos de usar um estilo de roupa adequado à ocasião. Aqui estamos a usar vestidos compridos; um é branco e brilhante, o outro preto de alças.

EXERCÍCIO M

Com base nas imagens, indica quem tem roupa apropriada para ir:

- à praia;
- ao mercado;
- a uma festa;
- a uma excursão;
- à escola;
- trabalhar num escritório.

Porquê?

Eu não gosto de me vestir de uma forma muito elegante, porque não fico à vontade. Gosto mais de roupa desportiva ou prática como esta. Aqui tenho uns calções azuis, uma T-shirt verde e um boné da mesma cor.

— Nós estamos de férias, por isso gostamos de usar roupa confortável. Eu tenho um top e uma blusa lilás por cima.
— Eu tenho uma T-shirt azul-escura e uns calções de ganga azuis-claros.

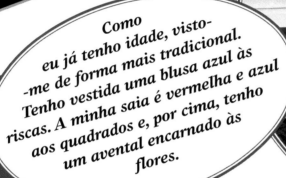

Hoje estamos a usar uma roupa bonita, mas não muito formal.
— Eu tenho uma blusa azul e branca com uma saia preta. A blusa tem botões azuis.
— Eu resolvi vestir um vestido preto com uma blusa amarela e preta por cima. Também pus um colar branco.

Como eu já tenho idade, visto-me de forma mais tradicional. Tenho vestida uma blusa azul às riscas. A minha saia é vermelha e azul aos quadrados e, por cima, tenho um avental encarnado às flores.

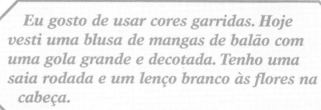

Eu gosto de usar cores garridas. Hoje vesti uma blusa de mangas de balão com uma gola grande e decotada. Tenho uma saia rodada e um lenço branco às flores na cabeça.

TECIDOS

De algodão
De seda
De lã
De linho
De fibra

Aos quadrados
Às riscas
Às pintas
Às flores

ÀS COMPRAS

André Carvalho

"Eu gosto muito de moda; quero sempre comprar o que os outros também têm, por isso gosto muito de ir comprar roupa, mas não gosto de ir sozinho. Geralmente levo a minha mãe, porque assim escolho a minha roupa e se ela gostar e não achar caro talvez ma compre."

Ana

"Eu adoro ver lojas de roupa! Mesmo que não tenha muito dinheiro para gastar há sempre qualquer coisa que te faz falta e que podes comprar sem gastares uma fortuna. O problema é que sou muito indecisa e demoro sempre muito tempo para fazer as minhas compras, o que faz com que ninguém me queira fazer companhia. A maioria das vezes, vou às compras sozinha!"

Alexandre

"Gosto muito de ir às compras. Quando vou às compras, compro roupa moderna e confortável. As minhas lojas favoritas são as lojas de desporto. A última vez que fui às compras, comprei uns sapatos."

Virgínia

"Sim, eu gosto de comprar roupa, mas só quando tenho dinheiro. Eu gosto de ir a uma loja e dizer: "Vou comprar isto, isto e isto." Não gosto de andar na rua três ou quatro horas quando não tenho dinheiro. É como um castigo."

EXERCÍCIO N

Observa as imagens das páginas anteriores e escolhe o adjectivo adequado a cada nome.

1. O vestido da rapariga é (branco/encarnado/amarelo/azul).

2. O vestido de alças é (curto/comprido/branco/florido).

3. As sandálias são (amarelas/pretas/brancas/pequenas).

4. Os calções do rapaz com boné são azuis (claros/escuros).

5. A senhora tem um colar (pequeno/comprido/verde).

6. A velhota tem uma bengala (preta/castanha/azul/ branca).

7. A menina de lilás tem uma blusa (feia/antiquada/bonita).

8. A blusa da velhota é de manga (à cava/curta/comprida).

9. A senhora de óculos tem um lenço (moderno/tradicional/claro).

10. O rapaz com boné tem calções (curtos/compridos/descosidos).

ADJECTIVOS

Os adjectivos concordam sempre em número e género com o nome que caracterizam:
camisa vermelha
casacos velhos
calças modernas
chapéu preto

EXERCÍCIO O

Lê o diálogo e assinala as frases verdadeiras, falsas ou não se sabe.

1. O fato não ficava bem ao senhor.
2. O empregado não ajudou o cliente.
3. O senhor queria um fato que lhe ficasse grande.
4. O casaco do fato ficava-lhe um pouco acanhado.
5. A cor cinzenta está na moda.
6. O senhor queria o número mais baixo de calças.
7. Só havia fatos cremes e cinzentos na loja.
8. O senhor acabou por comprar o fato.
9. A loja recebe mercadoria todas as semanas.
10. O senhor irá regressar à loja para comprar o fato.

Na boutique ...

Empregado — Esse fato fica-lhe muito bem.

Cliente — Sim, não me fica mal, mas as calças estão um pouco apertadas. Por acaso, não tem o número acima?

Empregado — Infelizmente, nesse tom, não. Só temos em creme e cinzento. Já não temos em azul escuro. Deseja experimentar o cinzento? O tom é bastante actual.

Cliente — Já tenho um fato em cinzento. Queria mesmo em azul. Bom... o casaco está bom. Até me está um pouco largo, não acha?

Empregado — Sim, mas agora usam-se assim. Já não se vêem casacos apertados. À vista, as calças não lhe ficam mal, mas o senhor é que as sente apertadas.

Cliente — Acho que ainda não é desta. Por acaso, não está à espera de mais tamanhos em azul?

Empregado — É possível que ainda venha mais mercadoria no fim desta semana.

Cliente — Então nesse caso, eu prefiro esperar e voltar cá mais tarde. Muito obrigado pela sua atenção.

Empregado — De nada.

EXERCÍCIO P

Descreve as fotografias.

Esta é a nova moda para tartarugas modernas como eu. Que tal?

Continua o Verão a preços da chuva

COMPARATIVOS IRREGULARES

Adjectivo	Comparativo de Superioridade
bom	melhor
mau/má	pior
grande	maior
pequeno/a	menor ⋆

O Diogo é **melhor** aluno do que o irmão.
Hoje o tempo está **pior** do que ontem.
O meu gelado é **maior** do que o teu.

a) não se diz *mais bom, mais mau, mais grande*; e sim: *melhor, pior, maior.*

b) ⋆ **mais pequeno** é mais usado do que menor.

O meu irmão é **mais pequeno** do que eu.

Adjectivo	Comparativo de Superioridade
bem	melhor
mal	pior
muito	mais
pouco	menos

Sentes-te **bem**?
Não, hoje sinto-me **pior.**

EXERCÍCIO Q

Compara as figuras. Utiliza as palavras do quadro.
Exemplo: (desenho 1)

O elefante é maior do que o rato.

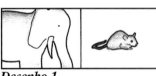
Desenho 1

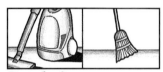
Desenho 2

Desenho 3

Desenho 4

Desenho 5

Desenho 6

Desenho 7

EXERCÍCIO R

Adivinhas
Qual é coisa qual é ela que...

😊 É maior do que um minimercado e mai[s] pequeno do que um hipermercado?

😊 Ouve melhor do que o Homem e [...] pior do que os gatos?

😊 Corre mais depressa do que um rat[o] mais devagar do que um tigre?

😊 Vê pior do que os humanos e mel[hor] do que os morcegos?

😊 É maior do que um violino e m[ais] pequeno do que um piano?

EXERCÍCIO S

Com base na fotografia, diz quem...

⋆ Veste o tamanho maior
⋆ Tem um ar mais simpático
⋆ É a pessoa mais baixa
⋆ Tem o melhor penteado
⋆ Está melhor vestido

Eu sou o melhor da turma: fui o melhor classificado no concurso do aluno mais estúpido na minha escola!

Como é que lhe hei-de explicar?

DEMOSTRATIVOS

Este, esta, estes, estas e esse, essa, esses, essas

1. Usamos **este** (m.), **esta** (f.), **estes** (m. pl.), **estas** (f. pl.) e **isto** para indicar pessoas ou coisas perto de nós.

> *Estes bolos são uma delícia.*
> *Isto aqui é muito bonito.*

2. Usamos **esse** (m.), **essa** (f.), **esses** (m. pl.), **essas** (f. pl.) e **isso** quando nos referimos a pessoas ou coisas que estão perto da pessoa com quem estamos a falar.

> *Manuel, **essas** flores são para mim?*
> *O que é **isso** aí?*

3. Usamos **aquele** (m.), **aquela** (f.), **aqueles** (m. pl.), **aquelas** (f. pl.) e **aquilo** quando nos referimos a pessoas ou coisas que estão afastadas de nós e da pessoa com quem estamos a falar.

> ***Aquela** loja vende roupa muito gira.*
> *O que é **aquilo** ali ao fundo da rua?*

4. Quando não é necessário referir o nome do objecto, ou para evitar repetições, usamos os pronomes.

> *Penso que **estes** são melhores do que **esses**.*
> *Achas **essa** mais bonita do que esta?*

5. **Isto**, **isso** e **aquilo** são invariáveis e referem-se só a coisas.

> *Isso são livros?*
> ***Aquilo** é um presente para a minha namorada.*

6. Todos estes **demonstrativos** se combinam com as preposições **de** e **em**.

> *Gosto muito **desta** saia, mas também gosto **dessa**.*
> *Não mexas **nisso**!*

> 22. DE ABRIL DE 1500.
> "NESTE DIA, A HORAS DE VESPERA, HOUVEMOS VISTA DE TERRA! ... A TERRA DE VERA CRUZ".
>
> PERO VAZ DE CAMINHA

> Esta tarde vou agradecer à Nossa Senhora das Tartarugas por me ter feito ganhar o concurso!

EXERCÍCIO T

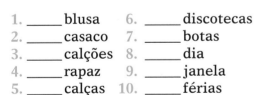

Completa com este, esta, estes ou estas.

1. _____ blusa
2. _____ casaco
3. _____ calções
4. _____ rapaz
5. _____ calças
6. _____ discotecas
7. _____ botas
8. _____ dia
9. _____ janela
10. _____ férias

EXERCÍCIO U

Completa com esse, essa, esses ou essas.

1. _____ camisa
2. _____ vestido
3. _____ rapariga
4. _____ impermeável
5. _____ cinemas
6. _____ festa
7. _____ sapatos
8. _____ noite
9. _____ mala
10. _____ roupas

EXERCÍCIO V

Descobre, agora, demonstrativos nas imagens desta página.

> MUDE O ÓLEO AO SEU CARRO EM 10 MINUTOS SÓ PAGA O ÓLEO
>
> VENDE-SE ESTA LOJA OU ALUGA-SE S/ TRESPASSE TEL.9883496
>
> QJ-76-52

NEM SEMPRE É POSSÍVEL ESCOLHER!

ACIDENTE DE MOTOCROSSE

Me chamo Frabricio Longato, tenho 15 anos e nasci em Minas Gerais, Brasil. Eu adoro todos os esportes e, como todo o brasileiro, sou fanático por futebol, mas o meu esporte favorito é o motocrosse, porque é rápido e emocionante. Pratico motocrosse, em Londres, quando posso, mas há quatro semanas atrás eu tive um acidente. Estava andando na moto, quando entrei numa poça de água; achei que era bem rasa, mas quando entrei na poça era muito funda, eu não sabia que era tão funda. A roda da frente deslizou e a moto tombou em cima do meu joelho e isso quebrou a minha perna. Quando a ambulância chegou, eles não conseguiam me levar para o hospital porque tinha muitos buracos e montes de terra. Então, eles chamaram o helicóptero para me levarem para o hospital. Só me lembro de ver o helicóptero e mais nada porque eles me aplicaram uma injecção para as dores. Só me lembro de estar no hospital, numa cama, com gesso na minha perna. Fiquei no hospital 6 dias e fiquei com o gesso 8 semanas.

EXERCÍCIO W

Recordas-te de alguma ocasião na qual não pudeste escolher a tua roupa? Descreve-a.

Na primeira foto, eu estou usando as minhas roupas de proteção porque este esporte é muito perigoso. Eu estou usando uma armadura para proteger as costelas, as costas e os ombros. Essa proteção é a mais importante depois do capacete, porque as costelas quebram muito facilmente. O capacete é o equipamento mais importante, porque protege a cabeça e o rosto; sem o capacete, um acidente pode ser fatal. Também uso um cinto de proteção para os rins, porque os rins não têm nenhuma proteção natural. Também uso luvas, mas não são luvas como as que se usam no inverno, são luvas de couro com proteção para motocrosse. Elas são importantes porque, quando você cai, as mãos são a primeira parte do corpo que entra em contato com o chão; então, é importante que elas sejam fortes. Estou usando um protetor de cotovelos que protege os cotovelos e parte do braço. A joelheira é usada para proteger o joelho e a canela.

Na segunda foto, estou usando roupas esportivas porque são confortáveis, e minha mãe está usando roupa casual e confortável, porque temos que ficar no hospital muito tempo.

Na terceira foto, estou na escola com a minha cadeira de rodas. Estou usando uma camiseta esportiva com uma camisola casual e um shorte esportivo.

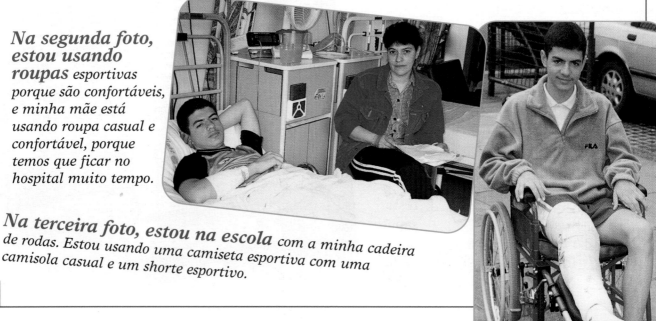

Como se veste Portugal...

Vila Real

Lamego

onta da Piedade

Mangualde

Elvas

Bragança

EXERCÍCIO X

Observa as fotografias e indica os motivos que te levariam a visitar estes locais.

PASSATEMPOS

EXERCÍCIO Y

1. Tenta adivinhar!

I. O que é que ele leva no saco?
II. Aonde é que ele vai?

(A = 2 , B = 4 , C = 6, D = 8, até à letra Z)

12. 2. 40. 30	8. 10.	4. 2. 28. 16. 30
40. - 38. 16. 18. 36. 40		
40. 30. 2. 24. 16. 2	8. 10.	32. 36. 2. 18. 2
30. 6. 42. 24. 30. 38	8. 10	38. 30. 24

2. Que roupas são?

I. Põe as letras das seguintes
palavras por ordem:

ASMEI - TAOUC ED OHNAB - COLCACHE
TIDOVES - ÁVELIMPERME - TAVAGRA

II. Agora, com as palavras do exercício 2.I, descobre
que peças de roupa são estas.

* Os rapazes e os homens não usam isto.
* Usamos isto quando está muito frio.
* Compramos isto aos pares, mas não são sapatos.
* Usa-se isto principalmente no Verão.
* Isto usa-se com camisa e fato.
* Quando chove, isto é muito útil.

**3. Observa a imagem ao lado e
responde às perguntas.**

* Há uma peça de roupa que
todos têm vestida. Qual?
* Descreve a camisa do
senhor à esquerda.
* Quem é, dos três, a pessoa
mais alta?
* E a mais baixa?
* Quem tem um ar mais
sério?
* Quem é o/a mais elegante?
* Quem é o/a mais moreno/a?

4. Frases loucas.

Nestas 6 frases divertidas mudaram-se algumas palavras. Coloca-as por ordem.

* A Manuela veste uma caneta encarnada.
* O Miguel escreve com uma saia e casaco.
* O João dança bem Português.
* O Diogo lê com uma rapariga loira.
* Quem calça sapatos loiros?
* Quem tem cabelos cor-de-rosa?

5.

I) Compara estas duas imagens em termos de:

* cor (descreve as cores em cada uma)
* tipo de vestuário
* estação do ano
* pavimento

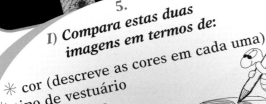

II) Descreve uma pessoa de uma das fotografias e pede ao teu colega para adivinhar de quem estás a falar!

O que é isto???

EXERCÍCIO Z

Com base nas lojas mencionadas na fotografia, diz onde estás em cada uma das seguintes frases:

* Só vejo louças à minha frente!
* Ummm... que cheirinho! E ainda estão quentes!
* Ainda bem que não tenho destas facas em casa!
* Esta loja parece o baú da minha avó...
* Ó senhor, esta tem lagarta!
* Ai, como brilham!
* Tantos pares espalhados pelo chão!
* Esta loja seria a preferida de qualquer gato.
* Olha, este casaco foi atingido por um pombo!
* Tantos pacotinhos. Será que dão resultado?

LOJAS DO R/C
ROSA DAS MALHAS

PEIXARIA MARTINS
PEIXARIA ZE DO PEIXE
PEIXARIA ARLETE
OURIVESARIA CONSTANCA
O RAPIDO DO MERCADO
TALHO JOSE CEPEDA
TALHO-SALSICHARIA EURICO
CASA LAMAS
TALHO-SALSICHARIA DESIDERIO
TALHO QUINTELA
TALHO-SALSICHARIA O JOÃO
O AMANDIO-SAPATARIA DA ALEGRIA
MINI-MERCADO MARINHEIRO
LOUCAS MELITA
FUMEIRO REGIONAL
A LOJINHA
CASA VINHAS
ARTESANATO MARIO CORREIA
PADARIA CERIZ
PADARIA SERAMOTA
PADARIA RIBEIRO
FRUTAS ARAUJO & FILHOS

FRUTARIA REIS
SERVICOS DE METROLOGIA

LOJAS DO 1º PISO

ADAB
DECO PRENDA
SALÃO FEMINA
MCM MODELISMO
SNACK-BAR O CHURRASCO
LAVANDARIA DO MERCADO

MENDES ELECTRICISTA

LOJA DAS VARIEDADES
BAU DO ARTESANATO
ERVANARIA ALINATURA
SAPATARIA BALLY

BIJOUTERIA GOLD

113

Caderno > V, W, X

Saúde e bem-estar

Os jovens e o tabaco

Segundo um estudo realizado sobre hábitos de saúde dos jovens, cerca de 12% dos jovens de quinze anos fuma todos os dias, em países industrializados.

Os finlandeses estão no topo da lista com 22% de menores a fumar. Entre os países que registaram percentagens mais reduzidas, encontram-se a República Checa com 8,5%, a Eslováquia com menos 0,5% e, finalmente, a Lituânia e Israel com 5,5%.

O mesmo estudo revela que há uma maior percentagem de adolescentes do sexo feminino a fumar do que do sexo masculino na Alemanha, Canadá, Dinamarca, Escócia, Espanha e Suécia.

País	%
Finlândia	22
Áustria	21
Irlanda do Norte	20
Escócia	19
Canadá	18.5
França	18
Alemanha	17.5
Espanha	17
Bélgica	16.5
Hungria	16
Noruega	15.5
Letónia	15
Dinamarca	13.5
Polónia	12.5
Suécia	11.5
Estónia	10
Rússia	9

% de menores de 16 anos que fumam

Por isso é que o Miguel não tem vindo às aulas. Coitado! Deve estar arrasado!

Que horror!

Sabem o que aconteceu ao pai do Miguel? Está hospitalizado com cancro no pulmão por fumar demasiado. E ele só tem 45 anos!

EXERCÍCIO A

Com base no gráfico e no texto, assinala as afirmações verdadeiras, falsas ou não se sabe.

- *O país com a menor percentagem de fumadores adolescentes é Israel;*
- *Na tabela, falta a percentagem de quatro países referidos no texto;*
- *Nos países nórdicos, as raparigas fumam mais do que os rapazes;*
- *Na Bélgica, 3,5% de adolescentes fumam mais do que na Polónia;*
- *O país onde se fuma menos é a Rússia.*

Cala-te. Estou a tentar fazer o meu sorriso mais sexy para a câmara.

Olha! O palerma do Artur foi apanhado pelo pai a fumar. Bem feito! Ele sempre foi um idiota mesmo!

EXERCÍCIO B

Lê o "Relato Pessoal" da Rita e responde às perguntas com SIM ou NÃO.

1. *A Rita começou a fumar quando era ainda uma adolescente.*
2. *Ela começou a fumar porque os colegas a obrigaram.*
3. *A Rita era muito boa a desporto antes de ter começado a fumar.*
4. *O tabaco não perturbou o seu estado físico.*
5. *A Rita gostava de um rapaz que também fumava.*
6. *A Rita começou a enfraquecer como atleta devido ao tabaco.*
7. *Os pais apanharam-na a fumar.*
8. *A Rita destruiu a sua relação com a sua família e com o rapaz de quem gostava.*
9. *Ela parou de fumar porque os pais a obrigaram.*
10. *Ela sente-se mais feliz por ter parado de fumar.*

O TABACO

O tabaco provoca doenças sérias, tais como cancro do pulmão, da boca, da faringe, da laringe, do esófago, pâncreas, rim, bexiga e colo do útero. É também responsável por 25% de doenças coronárias e cerebrovasculares, entre elas, o derrame cerebral. Infecções respiratórias estão também associadas ao uso do cigarro.

Por tudo isto, pela sua saúde, não fume!

E A SAÚDE

Se estás grávida, **não fumes!** Um bebé saudável é a melhor recompensa do vosso sacrifício!

RELATO PESSOAL

O meu nome é Rita. Eu comecei a fumar aos 12 anos por influência de alguns colegas. A verdade é que eu queria dar nas vistas e ser popular na minha turma. Mas nem tudo correu como planeei.

Primeiro, comecei a tossir cada vez mais e nas aulas de Educação Física não conseguia correr tão bem como antes. Comecei a perder competições na escola, o que me deixou muito chateada porque o desporto sempre foi uma das minhas grandes paixões.

A seguir, a minha vida pessoal também foi afectada; o rapaz de quem gostava deixou de me dar atenção quando comecei a fumar, pois ele não suportava o cheiro a tabaco. Por fim, os meus pais descobriram que eu fumava porque encontraram um maço de cigarros na minha mala. Eles ficaram muito desapontados comigo e disseram-me que nunca mais iriam ter confiança em mim.

Eu deixei de fumar entretanto e agora sinto-me bem outra vez. Penso que consegui recuperar a confiança dos meus pais, sinto-me muito mais em forma nas aulas de Educação Física e, quanto ao rapaz de quem ainda gosto, só o tempo dirá!

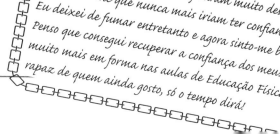

Os PROBLEMAS dos JOVENS

Tenho Borbulhas

Eu chamo-me Carlos e tenho 13 anos. Desde há dois anos que tenho muitas borbulhas na cara, o que me faz sentir muito mal, especialmente ao pé dos meus amigos. Apesar de vários colegas terem uma ou outra borbulha, o meu caso é mais grave. Não sei o que devo fazer para melhorar este problema. que me está a fazer muito infeliz.

SOFRO DE INSÓNIA

Desde que os meus pais se separaram que não consigo dormir. Quando finalmente adormeço, torno a acordar passadas poucas horas e já não consigo dormir mais. Também tenho tido pesadelos que me fazem acordar muito indisposto. A verdade é que sinto falta do meu pai, mas tenho medo de dizer à minha mãe como me sinto.

JOVENS A PEDIR SOCORRO E JOVENS A RECEBER CONSELHOS

Podem escrever-me a contar os vossos segredos. Prometo resposta a todas as cartas que me elogiarem!

ALERGIAS

A alergia é uma reacção dos tecidos orgânicos de pessoas sensíveis a certas substâncias. Os pêlos dos animais, as poeiras, o pó e o pólen das flores são exemplos de elementos alergénicos. As crianças e os jovens são a população mais afectada pelas alergias.

Identificar a substância que provoca a reacção alérgica é o primeiro passo. Nos casos em que o elemento alergénico pode ser suprimido, a cura é mais fácil. Nos outros, recorre-se à imunoterapia.

BULIMIA E ANOREXIA

Mais frequentes em jovens do sexo feminino, são doenças alimentares que têm base numa baixa auto-estima e que resultam de dietas rígidas, enquanto a anorexia se caracteriza por estados de inanição, a bulimia refere-se a uma ingestão compulsiva de alimentos, seguida de vómitos provocados.

EXERCÍCIO C

Vais ler alguns conselhos dados a estes jovens. Diz a quem é dirigido cada um deles.

1 Deves marcar uma consulta no médico.

2 Tenta falar com a tua mãe sobre o assunto. Não tenhas medo da reacção dela!

3 Muitas alergias podem passar com o tempo e a idade.

4 Deves marcar uma consulta no dermatologista.

1. Ter de/que + Infinitivo

Exprime uma **forte necessidade** e uma **obrigação**.

Tenho que ir ao dentista. Dói-me um dente.
Tenho de ir à farmácia comprar um xarope para esta tosse.

2. Dever + Infinitivo

Exprime uma **obrigação moral** (o que está certo) e uma **situação provável**.

Deves ajudar a tua mãe, porque ela precisa.
Deve ser o meu irmão a telefonar-me de Moçambique.

EXERCÍCIO D

Completa as frases com as expressões do quadro ao lado.

a) Ele _____ estar doente para não vir à escola!

b) Eu hoje _____ de ir ao médico à tarde.

c) _____ que dizer à minha mãe que não me estou a sentir muito bem.

d) O meu médico _____ ter à volta de trinta anos.

e) _____ ter sido o comprimido que me fez mal!

f) Nós _____ de ir visitá-lo. Ele já está hospitalizado há duas semanas!

g) Eles _____ estar a caminho do veterinário com o cãozinho.

h) Ele _____ de ir à casa de banho outra vez! _____ estar com uma infecção urinária!

i) Ela _____ ter uma saúde de ferro para andar de manga curta em pleno Inverno!

j) Eu _____ ajudar o meu pai a fazer exercício físico todos os dias devido ao seu problema de saúde.

EXERCÍCIO E

Encontra no exercício D expressões que signifiquem o mesmo que:

☆ estar internado num hospital;

✪ ter muita saúde;

✪ médico para animais;

☆ doença bastante comum que provoca mal-estar e frequentes idas à casa de banho para urinar.

OS JOVENS E O MEDO

Não há nenhum jovem que nunca tenha tido um problema. O truque é saber lidar com os problemas para que não se tornem monstros incontroláveis. O primeiro passo é pedir ajuda, confessando o que nos preocupa a alguém. Pode ser alguém da nossa família (mãe, pai, irmã ou irmão), um amigo ou um professor. Se te sentes pouco à vontade em contar os teus problemas a alguém conhecido, experimenta telefonar para a Linha Criança. Haverá sempre alguém do outro lado da linha disposto a ouvir-te e a aconselhar-te. Seja como for, não guardes o problema dentro de ti.

Partilha-o!

EXERCÍCIO F

Escreve as perguntas correspondentes às respostas seguintes com base no texto.

1. *Alguém com formação para te ajudar.*

2. *Para que o teu problema não se torne demasiado grande na tua cabeça.*

3. *Pedir ajuda.*

4. *A um professor ou a um amigo.*

5. *Com certeza, eles saberão ajudar-te da melhor forma.*

6. *Assim que te sentires preparado para revelares o que te preocupa.*

7. *Podes telefonar para as Informações ou procurar nas Páginas Amarelas.*

8. *A chamada é gratuita.*

EXERCÍCIO G

A que especialidade médica mencionada nos cartões, aconselharias cada um dos jovens a ir? Porquê?

117

PODER e QUERER
(irregulares)

1. No Presente do Indicativo, **poder** é irregular só na 1ª pessoa do singular: *eu posso.*

Eu **posso** ir, mas o meu irmão não pode.

a) Poder + Infinitivo

Não **posso chegar** antes das nove.

b) Exprime:
possibilidade
Só agora é que posso descansar.
proibição
Não se pode fumar no avião.
dar/pedir autorização
Podem fechar os livros.
Posso entrar?

2. No Presente do Indicativo, **querer** é irregular só na 3ª pessoa do singular: *ela quer.*

A forma **queria** tem valor de presente do indicativo, para mostrar a delicadeza de quem está a falar.

Queria uma coca-cola. (= quero)

PODER *(irregular)*	QUERER *(irregular)*
Presente do Indicativo	**Presente do Indicativo**
Eu já **posso** ir de férias!	Eu **quero** ir de férias!
Tu não **podes** sair!	Tu **queres** sair, não queres?
Não **podemos** fumar.	Nós também não **queremos**!
Eles não **podem** namorar.	Eles **querem** namorar.

---

www.farmaciassaude.com

As próprias autoridades norte-americanas estão a proceder ao encerramento das pseudofarmácias da Internet, procurando com isso proteger a Saúde dos cidadãos.
Já pensou o que seria se, com apenas uma receita, qualquer pessoa se pudesse dirigir a todas as farmácias da sua cidade e proceder em todas elas à compra do mesmo medicamento?
Pois, por estranho que nos pareça, a prática atrás descrita é tornada realidade nos Estados Unidos através das operações feitas pelas chamadas farmácias virtuais, ou seja, através da Internet.
Vivemos, hoje em dia, um período de grande atracção por novos meios de comunicação e de diálogo proporcionados pelas novas tecnologias. Que tal se passe com a compra de música, roupa ou viagens, é uma questão de somenos. Mas, não podemos deixar que tal se estenda a áreas da nossa vida em que o que está em jogo é a própria... vida.

Dr. Luís Matias

EXERCÍCIO H
Completa as frases com os verbos "querer" ou "poder."

1. Ela não _____ ir à discoteca porque os pais não a deixam ir.
2. A minha tia _____ perder peso.
3. _____ falar com o médico?
4. O Jorge e a Ana não _____ ir ao cinema porque estão de castigo.
5. Eu não _____ sair com o Rui porque ele não merece confiança.
6. Os meus pais não _____ que eu reprove o ano.
7. Nós não _____ tomar drogas!
8. Eu _____ fazer tudo o que quiser (só nos meus sonhos!).
9. Tu só _____ namorar aos 16 anos...
10. Vocês _____ ir à Madeira nestas férias grandes?

EXERCÍCIO I

Lê o Relato Pessoal do Bruno e diz se as afirmações são verdadeiras ou falsas. A seguir, corrige as falsas.

1. *Os pais do Bruno são demasiado severos com ele.* ⬜V ⬜F
2. *O Bruno sabe defender-se bem.* ⬜V ⬜F
3. *A Sofia era a sua melhor amiga.* ⬜V ⬜F
4. *A Sofia começou a drogar-se para ter amigos.* ⬜V ⬜F
5. *Ela não conhecia os perigos da droga.* ⬜V ⬜F
6. *A Sofia conseguiu controlar o tipo e a dose de droga que consumia.* ⬜V ⬜F
7. *Ela quis sair de casa.* ⬜V ⬜F
8. *A escola expulsou-a.* ⬜V ⬜F
9. *A Sofia viciou-se em marijuana.* ⬜V ⬜F
10. *Ela viu-se forçada a entrar no mundo da prostituição.* ⬜V ⬜F

0800 255 255

Linha Vida
Todos os dias úteis
das 10h às 20 h

Na Linha Vida
não precisas de
ter pressa,
pagar,
dar a tua
identificação.

PROJECTO VIDA

Com o apoio PORTUGAL TELECOM

RELATO PESSOAL

Eu sempre me dei bem com os meus colegas de escola, mas como os meus pais sempre me alertaram para o problema da droga, eu nunca tive vergonha de dizer "não, não quero".

Infelizmente, o mesmo não aconteceu com uma colega de turma, chamada Sofia. Ela tinha poucos amigos e queria ser aceite pelos colegas. Um dia, uns rapazes convenceram-na a tomar droga e ela aceitou. A partir daí, ela nunca mais foi a mesma. Eles viciaram-na de tal forma que ela ficou completamente dependente de drogas pesadas, como a heroína. Começou por roubar a própria família para poder manter o seu hábito e acabou por ser expulsa de casa. Os pais já não a queriam. Aí ela enveredou pelo caminho da prostituição para ganhar dinheiro para comprar droga e abandonou a escola de vez.

Eu e uns amigos encontrámo-la a dormir na rua, um dia, e resolvemos levá-la a um Instituto de Recuperação para Toxicodependentes onde está a receber tratamento.

Bruno Batalha

Danos causados

Haxixe - desmotiva; diminui a atenção auditiva, a memória, a capacidade de concentração e de retenção de informação; pode provocar surtos psicóticos; aumenta o risco de acidentes; diminui o apetite sexual.

Crack - insónia, dificuldade em estabelecer relações afectivas, agressividade, atitudes anti-sociais, agitação, perda de moral, psicoses. Em muitos casos, leva à marginalidade e prostituição.

DIZ NÃO À DROGA! VEM PEDALAR COMIGO!

Federação Portuguesa de Ciclismo

O que te preocupa?

Armando

"Uma das coisas que mais me preocupa é ficar doente e não conseguir curar-me. Tenho muito medo da Sida, por exemplo. Espero que descubram uma cura para esta doença dentro em breve."

Eu só tenho medo de uma coisa: que a carapaça me caia de repente e me deixe nuzinho!

Virgínia:

"O meu maior pesadelo é reprovar nos meus exames. Tenho muito medo de ter de repetir o ano. Os meus pais não iriam ficar nada contentes!"

Artur

"O meu maior medo tem a ver com a doença do meu primo. Ele é alcoólatra. Ele começou a beber há cinco anos e, desde então, não tem dado sossego a mim e à minha família.
Este ano, nós convencemo-lo a visitar os Alcoólicos Anónimos e já começou a assistir às sessões."

Álcool ou desporto?

EXERCÍCIO J

Lê as opiniões destes três jovens e procura nos textos palavras opostas às seguintes:

- sonho
- passar
- descontrai
- são (adj.)
- menos
- confusão
- dissuadimo-lo
- tristes

EXERCÍCIO K

Responde às perguntas.

1. Quem está preocupado/a com um parente?
2. Quem tem problemas com os seus pais?
3. Quem tem medo de doenças incuráveis?
4. Quem quer que o seu pesadelo termine?
5. Quem receia não progredir nos estudos?
6. Quem tem uma família que tem sofrido durante anos?

És o máximo, papá!

É só água mineral, filhota!

MAIS PROBLEMAS dos JOVENS

Rapariga de 15 anos foge de casa pela quinta vez

Claúdia Soares foi encontrada ontem na casa dos seus avós na cidade de Luxemburgo, após uma intensa busca efectuada pela polícia local. Em ocasiões anteriores, quando a Claúdia tinha pedido autorização aos seus pais para ir a uma festa de uma colega no sábado à noite, e os seus pais tinham recusado, ela desapareceu de casa durante períodos de uma a duas semanas.

A polícia já advertiu a avó da Claúdia que deve parar de enganar o corpo policial. Por não gostar da sua nora e por ter uma visão mais liberal de como educar uma adolescente, a avó tem colaborado com a Claúdia, despistando a polícia e os pais dela durante estas cinco ocasiões.

Sou refugiado da Roménia. Tenho dois **IRMÃOS** e não trabalho. Por favor ajude a minha família e que Deus dê muita saúde à vossa família. Muito obrigado pela vossa atenção

Casa da Criança

farmácia

EXERCÍCIO L

Responde às perguntas.

1. *A polícia, a avó, a Claúdia, a nora, o pai...*

   a) *Quem são os culpados e quem são os inocentes?*

   b) *Quem é querida e quem é odiada?*

   c) *Quem poderá sentir-se enganado/a?*

2. *Como podemos ajudar refugiados de outros países?*

centro de saúde

saída da cidade

121

Nós e a Saúde

Desenho 1

Desenho 2

Desenho 3

O que é que eles têm?

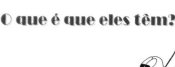

Desenho 4

Desenho 5

EXERCÍCIO M

Escolhe a opção correcta.

1. Ele tem febre / tosse / fome.
2. Ele está cansado / zangado / constipado.
3. Ele tem a cabeça partida / suja / enfeitada.
4. Ela está com frio / sono / gripe.
5. Ele está no dentista / no cabeleireiro / no médico.

UMA IDA AO MÉDICO

Bruno — Bom dia, senhor doutor.

Médico — Bom dia. Sente-se, por favor. Em que posso ajudá-lo?

Bruno — Desde ontem de manhã que me sinto indisposto.

Médico — Diga-me exactamente que sintomas é que tem.

Bruno — Tenho tido febre alta, muitas dores de cabeça, tosse e sinto-me fraco.

Médico — Que temperatura tem?

Bruno — Ontem à noite tinha 38, 5°C. Também me tenho assoado bastante e espirro muito.

Médico — Como deve calcular, tem uma gripe valente. Vou-lhe receitar um antibiótico que deve tomar todos os dias às oito horas da manhã e às oito da noite.

FRANCISCO FALCÃO
GINECOLOGIA / OBSTÉTRICIA
ESPECIALISTA dos HOSPITAIS
da
UNIVERSIDADE DE COIMBRA

REUMATOLOGIA
LUCIA COSTA
Médica Especialista
Tel: 28560

HOSPITAL
Conselho de Administração
Serviços Administrativos
Laboratório
Urgência
Fisioterapia
Radiologia
Consulta Externa

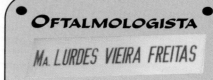

OFTALMOLOGISTA
Ma. LURDES VIEIRA FREITAS

COMEÇAR a e ACABAR de

1. **Começar a** indica o princípio de uma acção e **acabar de** indica o fim de uma acção. São ambos seguidos de **Infinitivo**.

Ele começa a dar aulas às nove.
Eles acabam de jantar às oito e meia.

2. Quando **começar** e **acabar** não são seguidos de verbo, as preposições **a** e **de** são omitidas:

Nós começamos as aulas em Setembro.
Eles não começam o jogo antes das duas.

3. **Acabar de + Infinitivo** também indica uma acção ou um acontecimento muito recente.

Eles acabam de chegar.
Acabo de receber uma carta de Portugal.

EXERCÍCIO N

Responde às perguntas.

1. Quando o professor sai da sala, começas a falar?
2. O que fazes quando acabas de encontrar um objecto perdido?
3. Acabas sempre os trabalhos no prazo que o professor te dá?
4. A que horas começas a fazer os trabalhos de casa?
5. O que diz o professor quando vocês começam a gritar na aula?
6. Em que mês começas a pensar nas férias grandes?
7. Acabas de jantar depois das nove?
8. O que é que a tua mãe diz quando acabam de comer?
9. O que é que fazes quando alguém ao teu lado começa a ressonar?
10. O que é que o teu pai diz quando começam a comer?

EXERCÍCIO O

Observa as placas da página anterior e completa as frases.

1. Foste operado ao joelho. Precisas de fazer ...
2. A tua amostra de sangue está a ser analisada no ...
3. Não andas a ver bem. Precisas de ir ao ...
4. Os teus períodos andam muito irregulares. Deves ir à consulta de ...
5. Andas com dores nos ossos. Tens de ir ao serviço de ...
6. O teu médico pediu para tirares radiografias. Vais ao serviço de ...
7. Precisas de ver o teu médico no hospital. Vais à ...
8. Precisas de arrancar um dente. Tens de ir urgentemente ao ...

Onde vais?

Vou levar o termómetro a passear.

EXPRESSÕES

Partir: um braço, uma perna, a cabeça, um dedo;

Deslocar: a coluna, o pulso, o osso, o tornozelo;

Doer: a garganta, a cabeça, as costas, um dente, as pernas;

Torcer: o pulso, o pé, o pescoço;

Arder: a garganta, a boca... (reacção de álcool ou mercúrio numa ferida).

EXERCÍCIO P

Completa as frases de acordo com o texto "Uma ida ao médico"

A O Bruno foi ao ✺ do médico.
B Ele não se sentia ✺.
C O médico ✺ um antibiótico.
D O Bruno tinha febre ✺.
E O Bruno ✺ muito.

Pistas

A. Começa por "c" e tem 11 letras.
B. Contrário de "mal".
C. O verbo no Infinitivo começa e acaba com a mesma letra.
D. Contrário de "baixa".
E. Começa por uma vogal e tem 8 letras no Infinitivo.

123

O NOSSO
PLANETA
ESTÁ

EXERCÍCIO Q

DOENTE

Descreve estas imagens e explica o que elas te sugerem.

BLA BLA

P O L U I Ç Ã O

O nosso planeta
encontra-se doente devido à
poluição existente: no ar (poluição
atmosférica), na água (marítima),
no solo e ainda o ruído (poluição sonora).
É o dever de cada um evitar poluir o local
onde vivemos para que haja um futuro
para todos nós.
Porque não começar já a modificar
a nossa atitude perante
o meio ambiente?

Imagem 1

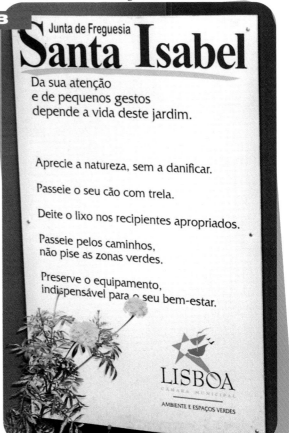

Junta de Freguesia
Santa Isabel

Da sua atenção
e de pequenos gestos
depende a vida deste jardim.

Aprecie a natureza, sem a danificar.

Passeie o seu cão com trela.

Deite o lixo nos recipientes apropriados.

Passeie pelos caminhos,
não pise as zonas verdes.

Preserve o equipamento,
indispensável para o seu bem-estar.

LISBOA
CÂMARA MUNICIPAL
AMBIENTE E ESPAÇOS VERDES

EXERCÍCIO R

Responde às perguntas.

Imagem 1:

1. *De que forma o jardim depende da atenção e de pequenos gestos das pessoas?*

2. *Escreve uma palavra sinónima de:*
- *danificar;*
- *recipientes;*
- *apropriados;*
- *passeie;*
- *indispensável.*

Imagem 2:

3. *Tendo em conta os quatro tipos de poluição referidos no texto "Poluição", diz qual deles seria agravado se cada uma destas proibições fosse desrespeitada.*

Imagem 3:

4. *O que é um receptáculo para pilhas, para que serve e qual é a sua importância?*

Temos
de fazer alguma coisa!
Daqui a pouco não haverá uma
única tartaruga na Terra!

Imagem 3

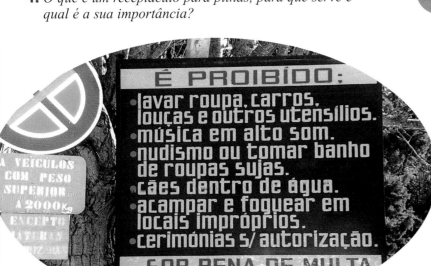

É PROIBÍDO:
- lavar roupa, carros, louças e outros utensílios.
- música em alto som.
- nudismo ou tomar banho de roupas sujas.
- cães dentro de água.
- acampar e foguear em locais impróprios.
- cerimónias s/ autorização.

...SOB PENA DE MULTA

A VEÍCULOS
COM PESO
SUPERIOR
A 2000Kg

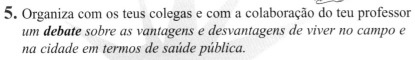

Imagem 2

BLÁ BLÁ

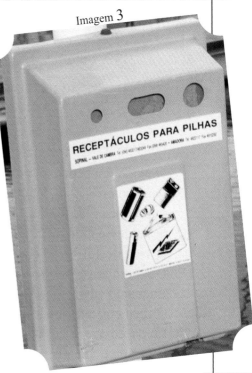

RECEPTÁCULOS PARA PILHAS

5. Organiza com os teus colegas e com a colaboração do teu professor um **debate** sobre as vantagens e desvantagens de viver no campo e na cidade em termos de saúde pública.

Para um bom funcionamento desse debate, é importante a escolha de um moderador e de um secretário.

No final, a Turma elaborará um **relato do debate.** O texto daí resultante será publicado no Jornal de Turma.

PROFISSÕES

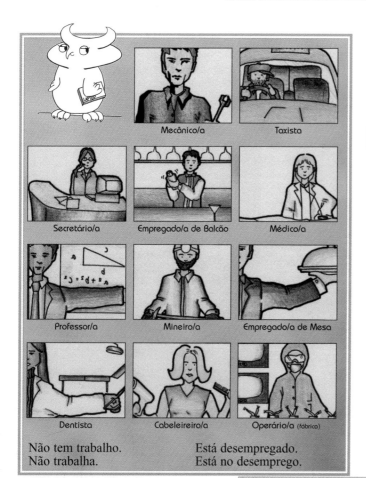

Mecânico/a — Taxista — Secretário/a — Empregado/a de Balcão — Médico/a — Professor/a — Mineiro/a — Empregado/a de Mesa — Dentista — Cabeleireiro/a — Operário/a (fábrica)

Não tem trabalho.
Não trabalha.

Está desempregado.
Está no desemprego.

EXERCÍCIO S

Responde às perguntas.

1. O que é que queres ser quando fores crescido/a?
2. Queres trabalhar no teu país ou no estrangeiro?
3. Gostavas de ser professor/a?
4. Quem é que quer ser astronauta na tua Turma?
5. Quantos colegas teus querem ser futebolistas?
6. Qual é a profissão que achas mais interessante?
7. Achas que é mais perigoso ser polícia ou ser ladrão?

CLÍNICA VETERINÁRIA
TOSQUIAS – BANHOS
TREINO DE CÃES
HOTEL DE ANIMAIS

Eu quero ser veterinário para poder tomar conta de mim!!!

EXERCÍCIO T

Une estas frases.

1. Sou enfermeira,
2. Não tenho trabalho,
3. É dentista,
4. Somos operários,
5. Sou carteiro,
6. É piloto,
7. São motoristas,
8. É jornalista,
9. Sou futebolista,
10. É jardineiro,

a. cuida das plantas e dos jardins.
b. treino intensamente todos os dias.
c. deseja-nos sempre uma boa viagem.
d. estou de serviço na Urgência.
e. toco sempre duas vezes.
f. trabalhamos numa fábrica.
g. investiga e escreve artigos.
h. estou desempregado.
i. gosta de arrancar dentes.
j. sabem conduzir.

EXERCÍCIO U

I. Com base no "Relato Pessoal" do Juvenal, diz se ele poderia ter dito as seguintes afirmações ou não. Justifica.

A. Quando era pequeno, gostava de profissões activas.
B. Quando cresci, mudei completamente de ideias sobre o que queria fazer no futuro.
C. Se pudesse mudar de profissão agora, eu queria ser bombeiro.
D. A vida de advogado é relaxante.
E. Um bom advogado tem de saber escrever muito bem.
F. Enquanto advogado, eu lido com muita gente diferente.
G. O meu curso foi muito curto.
H. Eu quero que vocês sigam a vossa cabeça e não o vosso coração no que diz respeito à escolha de uma profissão.
I. Eu não me lembro muito bem da minha infância.
J. Eu gosto de ser advogado.

E.U.A.
BRASIL
ATLÂNTICO CENTRAL

Eu quero antes ser dono de uma Agência de Viagens para poder visitar todos os países do Mundo!

Relato Pessoal

O meu nome é Juvenal. Eu tenho vinte e três anos e acabei o meu curso de advocacia no ano passado. O meu curso é de cinco anos e agora eu já estou a exercer a minha profissão de advogado.

Não é fácil! Temos de saber lidar com muitas pessoas; umas boas, outras perigosas. Temos também de tentar defender ou acusar o réu e, para isso, temos de encontrar muitas provas, testemunhas e trabalharmos o nosso discurso.

Quando se é um advogado, tem que se ter o dom da palavra. Temos de saber responder quando o nosso argumento está a ser atacado, de modo a convencermos o juiz de que estamos certos.

Eu gosto muito do meu trabalho e, neste momento, se me perguntassem se queria outra profissão, eu diria "não, estou bem assim".

Quando era pequeno, queria ser acrobata de circo. Mais tarde, mudei de ideias: queria ser bombeiro ou polícia para tirar os criminosos da rua. De certa forma, é o que estou a fazer, mas por outros meios.

E vocês? Qual é o vosso sonho? Seja ele qual for, não o deixem escapar!

Jardineiro
Pedreiro
Empregada da limpeza
Secretária
Médico
Pasteleiro
Cozinheiro
Empregado de mesa
Professor
Comerciante
Dona de casa
Arquitecto
Taxista
Educador de infância

II. A tua opinião!

Observa as fotografias acima. Que profissões exercem? Como é que sabes?

PROFISSÕES

1. Para indicar a profissão de alguém, usamos o verbo **ser** + profissão (sem artigo).

   *A minha irmã mais velha **é** decoradora.*

2. Muitas profissões, por tradição só masculinas ou só femininas, têm agora os dois géneros.

   o bombeiro — **a** bombeira
   a enfermeira — **o** enfermeiro

3. Profissões só com uma forma para os dois géneros (o/a jornalista; o/a gerente) ou com femininos irregulares (o actor/a actriz) seguem as regras dos substantivos.

Falando de Rotina

VERBOS REFLEXOS

levantar-se
lavar-se
pentear-se
barbear-se
calçar-se
maquilhar-se
arranjar-se
sentar-se
descalçar-se
vestir-se
despir-se
deitar-se

VERBOS REFLEXOS

1. Os verbos reflexos perdem o **-s** na 1ª pessoa do plural.

Nós lavamos ☆ Nós lavamo-nos

2. Os pronomes reflexos **me, te, nos** e **se** colocam-se, geralmente, depois do verbo, ligados por um hífen:

Ela diverte-**se**.
Posso sentar-**me** aqui?

Mas...

Colocam-se antes do verbo depois de determinadas palavras:

Nós **não** nos encontramos contigo hoje.
Ninguém se barbeia aos treze anos.
Como é que te chamas?
Quem se senta na fila da frente?
Todos os alunos se portam bem.
Eu **também** me porto bem.
A cadeira **onde** me sento é confortável.
Não vai **porque** se sente doente.

EXERCÍCIO V

Observa os desenhos e, com a ajuda dos verbos no quadro do lado, faz a legenda de cada um deles.

EXERCÍCIO W

Responde às perguntas.

1. A que horas acordas de manhã?

2. Acordas facilmente ou precisas de despertador?

3. Levantas-te antes dos teus pais?

4. Onde é que te lavas?

5. Pintas-te ou fazes a barba? (nem... nem...)

6. A que horas te costumas deitar?

7. De manhã, lavas-te com água fria ou quente?

8. Quem é que se barbeia em tua casa?

9. Dormes bem quando te deitas muito cedo? (durmo)

10. Sentas-te ao lado do teu professor/da tua professora na aula?

EXERCÍCIO X

Responde às perguntas com base no texto "O Felisberto e o seu gato Serafim".

1. A que horas é que o Felisberto se levanta?

2. Quem é que não gosta de se levantar cedo?

3. O que é que o Felisberto faz antes de tomar o pequeno-almoço? E o Serafim?

4. Quando é que o Serafim aparece?

5. O Felisberto fica em casa? Porquê?

6. O que é que o Serafim faz enquanto o dono não está em casa ?

7. A que horas é que o Felisberto sai do emprego?

8. O que é que ele faz depois de jantar?

9. Porque é que ele se deita cedo?

10. Como é que o Serafim se sente a essa hora? Porquê?

11. O que é que ele faz antes de comer?

12. Onde é que ele costuma ir todas as noites?

LAVAR-SE

Presente do Indicativo

Singular		Plural	
Eu	lavo-**me**	Nós	lavamo-**nos**
Tu	lavas-**te**		
Você/ O Sr./ A Sra.	lava-**se**	Vocês Os Srs./ As Sras.	lavam-**se**
Ele/Ela	lava-**se**	Eles/Elas	lavam-**se**

O FELISBERTO E O SEU GATO SERAFIM

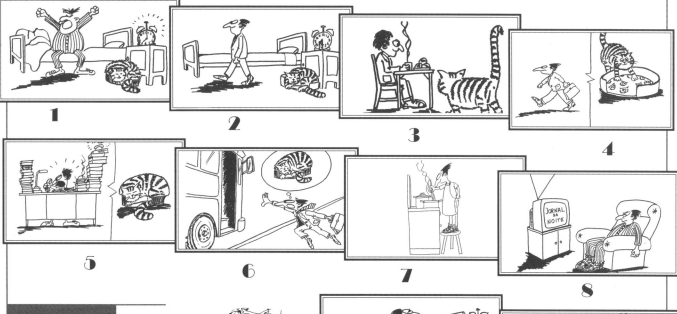

1 2 3 4 5 6 7 8

EXERCÍCIO Y

Identifica os dois verbos reflexos presentes neste texto.

9 10

ESTADO DA ÍNDIA

COM A VIAGEM DE VASCO DA GAMA OS PORTUGUESES CONSEGUIRAM EM 1498 REALIZAR O OBJECTIVO QUE ERA AMBICIONADO PELOS EUROPEUS DO TEMPO E QUE CRISTOVÃO COLOMBO, SEM ÊXITO, TENTARA: O DESCOBRIMENTO DE UMA ROTA MARÍTIMA PARA A ÍNDIA.

DEPOIS DISSO, TODOS OS ANOS PARTIAM DE LISBOA AS ARMADAS REGULARES DA "CARREIRA DA ÍNDIA" E OS PORTUGUESES CONSEGUIRAM ESTABELECER-SE NO ORIENTE.

DO ANTIGO IMPÉRIO PORTUGUÊS DA ÁSIA MANTIVERAM-SE ATÉ AO SECULO XX GOA, DAMÃO E DIU, SENDO O GOVERNO DESTES TERRITÓRIOS TOMADO PELA UNIÃO INDIANA EM 17 DE DEZEMBRO DE 1961

EXERCÍCIO Z

Ordena os seguintes parágrafos de acordo com os desenhos.

1. *Às seis horas, corro para o autocarro e, geralmente, chego a casa perto das sete. E o Serafim? Ainda dorme, claro!*

2. *Saio de casa a correr, por volta das oito horas, e o Serafim volta para a cama.*

3. *Quando o despertador toca às sete horas, eu levanto-me logo, logo, mas o Serafim nem se mexe.*

4. *Às dez horas, quando me deito, levanta-se o Serafim, fresco e bem disposto.*

5. *Durante todo o dia, trabalho, trabalho, enquanto o Serafim descansa, descansa…*

6. *Faço o jantar, janto, arrumo a cozinha e o Serafim sem aparecer.*

7. *De seguida, tomo o pequeno-almoço. Nessa altura, o Serafim aparece e também quer comer.*

8. *Ele espreguiça-se, lava-se, come e depois vai ter com os amigos ao telhado da casa em frente. Que vida de cão tem o meu gato Serafim!*

9. *Lavo-me e barbeio-me, visto-me, calço-me e a seguir penteio-me. Faço a minha cama. Entretanto, o Serafim continua a dormir.*

10. *Finalmente, sento-me a ver televisão. No cesto, o Serafim ressona.*

> Sabes quem é este tal de Serafim?

> Não. Isto cheira-me a gato!

Quatro amigos meus vieram visitar-me e vão ficar comigo durante uma semana. Eles querem conhecer Portugal e vamos ter umas férias estupendas! Os meus amigos são estrangeiros e querem que vocês os fiquem a conhecer.

Em férias

Olá! Eu sou o François. Venho de Paris e estou a adorar estar aqui!

Prazer em vos conhecer. Eu sou o Pedro e venho do Chile.

Eu chamo-me Sarah e venho de Dublin. Eu sou da República da Irlanda.

Como estão todos? Eu sou a Michaela e venho de Berlim.

EXERCÍCIO A

Completa as frases.

1. A Sarah vem de Dublin. Ela é _____ e fala _____.

2. O François vem de Paris. Ele é _____ e fala _____.

3. O Pedro vem do Chile. Ele é _____ e fala _____ .

4. A Michaela vem de Berlim. Ela é _____ e fala _____.

Olá a todos! Eu chamo-me Tartaruga. Sou africana e falo português!

PAÍS	CAPITAL	LÍNGUA	HABITANTES		
			Singular	Plural	
Alemanha	Berlim	alemão	alemão -ã	-ães	-ãs
Angola	Luanda	português	angolano -a	-os	-as
Bélgica	Bruxelas	francês/flamengo	belga -a	-as	-as
Brasil	Brasília	português	brasileiro -a	-os	-as
Cabo Verde	Cidade da Praia	português	cabo-verdiano -a	-os	-as
China	Pequim	chinês	chinês -a	-es	-as (sem acento)
Egipto	Cairo	árabe	egípcio -a	-os	-as
Espanha	Madrid	espanhol	espanhol -a	-óis	-as
França	Paris	francês	francês -a	-es	-as (sem acento)
Grécia	Atenas	grego	grego -a	-os	-as
Guiné-Bissau	Bissau	português	guineense -e	-es	-es
Holanda	Amesterdão	holandês	holandês -a	-es	-as (sem acento)
Moçambique	Maputo	português	moçambicano -a	-os	-as
Portugal	Lisboa	português	português -a	-es	-as (sem acento)
Reino Unido	Londres	inglês	inglês -a	-es	-as (sem acento)

MACAU

A PRESENÇA PORTUGUESA NO EXTREMO ORIENTE DATA DOS ÍNICIOS DO SÉCULO XVI, E NA COSTA DA CHINA O SEU PRINCIPAL ENTREPOSTO FOI A CIDADE DE MACAU, DESDE OS MEADOS DESSE SÉCULO.
NO TERRITÓRIO DE MACAU FOI ESTABELECIDO O COMÉRCIO E O GOVERNO PORTUGUÊS, SEMPRE DE FORMA PACÍFICA E ACEITE PELOS CHINESES, QUE INICIALMENTE OFERECERAM A CIDADE AOS PORTUGUESES E SEMPRE NELA VIRAM UMA PORTA DE COMUNICAÇÃO COM O MUNDO.
A PRESENÇA PORTUGUESA MANTEVE-SE ATÉ AO SÉCULO XX, CORRESPONDENDO AO DIA 31 DE DEZEMBRO DE 1999 O TERMO DO ESTATUTO DA ADMINISTRAÇÃO PORTUGUESA DO TERRITÓRIO.

O PLURAL (revisão)

Palavras terminadas em:

❋ vogal ou ditongo — ◆ Plural -s
Ex. mesa-mesas; mau-maus

❋ -r, -z, -s — ◆ Plural -es
Ex. senhor-senhores

❋ -m — ◆ Plural -ns
Ex. homem-homens

❋ -ão — ◆ Plural -ãos; -ães; -ões
mão-mãos; cão-cães; leão-leões

❋ -al — ◆ Plural -ais
Ex. normal-normais

❋ -el — ◆ Plural -eis
Ex. amável-amáveis

❋ -il — ◆ Plural -is/-eis
Ex. barril-barris; difícil-difíceis

❋ -ol — ◆ Plural -óis
Ex. lençol-lençóis

❋ -ul — ◆ Plural -uis
Ex. azul-azuis

Nota: há algumas palavras que têm a mesma forma para o singular e para o plural   Ex. lápis, simples, etc.

EXERCÍCIO B

Com base no quadro da página anterior, responde às perguntas.

1. *Em que países se fala português?*
2. *Qual é a capital da Grécia?*
3. *Que língua falam os egípcios?*
4. *Em que país se fala alemão?*
5. *Que línguas falam os belgas?*
6. *Onde é que se fala chinês?*
7. *Que língua falam os cabo-verdianos?*
8. *Qual é a capital da Alemanha?*
9. *Que língua se fala no Reino Unido?*
10. *Qual é a capital da China?*

EXERCÍCIO C

1. **Procura no texto sobre Macau palavras com as seguintes terminações:**
-al, -ês, -eses e -ão.
A seguir, escreve o seu equivalente no plural (caso a palavra esteja no singular) ou no singular (caso a palavra esteja no plural).

2. **Lê o texto do ouriço. Reescreve-o começando com...**
Nós somos muito...
Não te esqueças de fazer as alterações necessárias.

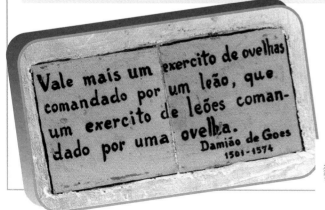

Vale mais um exercito de ovelhas comandado por um leão, que um exercito de leões comandado por uma ovelha.
Damião de Goes
1501-1574

Eu sou muito brincalhão, amigável, gentil, amoroso, cheio de ambição. Sou um tipo sabedor, audaz, cortês e muito especial! Sou bom em tudo, sou um cidadão cumpridor e, no aspecto físico, simplesmente espectacular!

131

Os amigos do Bruno

Sarahh

"Eu tenho treze anos e gosto muito de sair com os meus amigos. Adoro viajar, conhecer novos países, novas culturas. Felizmente, não tenho medo de viajar sozinha nem de andar de avião. Espero ter boas aventuras."

François

"Eu vim a Portugal porque o Bruno insistiu. Eu costumava gostar muito de viajar, mas desde que apanhei um grande susto num avião, que me custa andar neste meio de transporte. Eu não sou muito aventureiro, mas espero divertir-me aqui."

Pedro

"Eu tenho catorze anos e sou um rapaz extremamente activo e alegre. Eu adoro participar em expedições, viajar, fazer desportos radicais, conversar e rir. Sou muito bom a contar anedotas e histórias divertidas. Ninguém fica triste ao pé de mim!"

Michaela

" Eu nunca tinha saído de Berlim, pelo que preciso da ajuda dos meus amigos pois nunca viajaria sozinha. Tenho doze anos e gosto muito de ter amigos estrangeiros, pois quero conhecer mais aspectos da sua cultura. Espero fazer mais amizades aqui em Portugal e percorrer o país de lés a lés."

EXERCÍCIO D

Escolhe o adjectivo mais apropriado para caracterizar cada um destes jovens.

Sarah:	François:	Pedro:	Michaela:
1. tímida	1. destemido	1. desmazelado	1. desembaraçada
2. aventureira	2. medroso	2. autoritário	2. egoísta
3. alegre	3. divertido	3. divertido	3. envergonhada
4. medrosa	4. aborrecido	4. romântico	4. desprotegida

O Bruno e os amigos estão a planear fazer uma viagem por Portugal.

O ADJECTIVO

1. Quanto ao género:

Há adjectivos com duas formas: uma para caracterizar os nomes masculinos e outra para caracterizar os nomes femininos.

> Os pêssegos encarnados.
> As maçãs encarnadas.

Há adjectivos com uma única forma, quer caracterizem um nome masculino, quer caracterizem um nome feminino.

> Os olhos brilhantes.
> As estrelas brilhantes.

2. Quanto ao número:

O adjectivo concorda sempre em número (singular ou plural) com o nome que caracteriza.

> A janela enfeitada.
> As ruas enfeitadas.

Simples e piegas têm a mesma forma para o singular e plural.

3. Quanto ao grau:

Normal	Um aluno estudioso.
Comparativo	O avião é mais veloz do que o comboio.
	O Miguel é tão simpático como a Susana.
	O comboio é menos veloz do que o avião.
Superlativo	O teste foi facílimo.
	O Alfredo é muito bondoso.
	O Pedro é o mais rápido na prova de atletismo.
	O Carlos é o menos simpático dos alunos.

Nota: *Alguns adjectivos não seguem as normas gerais acima referidas.*

bom	melhor	óptimo	o melhor
mau	pior	péssimo	o pior
grande	maior	máximo	o maior
pequeno	menor	mínimo	o menor

Este mocho tem mesmo ar de idiota.

EXERCÍCIO E

Observa o mapa de Portugal e completa as frases, tendo em atenção as regras de concordância dos adjectivos.

1. *Lisboa, Porto e Coimbra são as cidades mais .... do país.*

2. *O Alentejo é uma área essencialmente ....*

3. *A ilha da Madeira é ....*

4. *A zona da Beira Alta é bastante ....*

5. *Covilhã e Bragança são cidades muito ....*

6. *O Algarve é a zona mais .... do país.*

7. *Porto e Faro são cidades muito .... entre si.*

8. *Setúbal é uma cidade já bastante ....*

9. *O rio Tejo é muito ....*

10. *Lisboa é a cidade mais .... de Portugal.*

Palavras a escolher:

turístico; longo; lindo; importante; frio; montanhoso; desenvolvido; distante; plano; moderno

PRODUTOS FLORESTAIS

A Guiné-Bissau possui importantes e valiosos recursos florestais quer em quantidade quer em qualidade. A floresta cobre cerca de 2,4 milhões de hectares, sendo os produtos florestais uma das mais tradicionais exportações do país. Podem-se encontrar na Guiné-Bissau madeiras como o "pau-ferro", "pau-sangue", "bissilom", "pau-conta", "mancone", etc.

EXERCÍCIO F

Com base no texto "Produtos Florestais", explica por que razão os seguintes adjectivos **importantes**, **valiosos**, **florestais** e **tradicionais** se encontram no género masculino e no plural.

Desenho 1

Desenho 2

Desenho 3

Desenho 4

Desenho 5

Desenho 6

Para Quem...?

— Mãe, esse presente é para mim?
— Sim, é para ti.

— Estas flores são para si.

— Esta bola é para vocês e a taça de Portugal tem de ser para nós.

— Avô, isto é para ti.

— Este postal é para ela.

— Este cartão de Boas Festas é para eles

EXERCÍCIO G

A que fala corresponde cada imagem?

Preparativos para a viagem

EXERCÍCIO H

Qual é a palavra certa?

1. Catarina, esta carta tem o teu nome. É para...

 ti   nós

2. Isabel e João, aqueles livros são para...

 ti   vocês

3. Sr. Joaquim, é um telefonema para...

 nós   si

4. Onde está o Ricardo? Estes CDs são para...

 ele   eles

5. Mãe, esta prenda é para... Muitos Parabéns!

 ela   ti

6. Um bolo de aniversário para... ? Estou tão feliz.

 ela   mim

É para ti!!!

EXERCÍCIO I

Lê as quatro mensagens na página seguinte.
Escolhe a opção correcta.

1 (Sarah para François)
Esta mensagem não é para (mim/ti/ele).

2 (Sarah e Michaela para Bruno, François e Pedro)
Nós deixámos uma mensagem para (nós/eles/vocês).

3 (pais do Bruno a ler a mensagem do filho)
O Bruno deixou esta mensagem para (nós/ele/mim).

4 (Bruno para François)
Deixaste uma mensagem para (elas/vocês/mim)?

5 (Sarah para Michaela)
Já acabaste de escrever a mensagem para (elas/ti/eles)?

Oi!
Não há nada no frigorífico e a despensa está vazia.
Vamos ao Colombo comer qualquer coisa e ficamos lá umas horinhas a comprar comida para levarmos na viagem. Esperamos que confiem no nosso gosto.
Beijos e até mais tarde.

Oi a todos!
Acabei de vir da rua e não encontrei ninguém!
Bom, já fui à estação comprar os bilhetes para amanhã. Espero que me paguem a vossa parte em breve! Penso que será boa ideia chamar um táxi para irmos até à estação, pois o comboio parte amanhã às 7h15m. Além disso, o táxi dividido por 5 vai ficar barato. Agora vou comprar um par de botas confortáveis para caminhar facilmente e vou encomendar 4 pizas para hoje ao jantar. Espero que esteja bem para vocês.

Na véspera de partirem em viagem, o Bruno, a Sarah, o François, o Pedro e a Michaela têm muito que fazer. Aqui ficam as mensagens que cada um escreveu.

Queridos Pais
Fui ao Turismo pedir mapas de Portugal e informações para a nossa viagem. Também vou aos CTT comprar selos para depois mandar uns postalinhos. Devo chegar tarde. Não se preocupem,
Bruno

Resolvi ir à biblioteca ver se há guias de Portugal com informações sobre alojamento e sítios interessantes. Espero conseguir vários guias turísticos. Devo voltar por volta das 7, mas não te preocupes com o jantar, pois vou comer uma sandes no café da esquina
Tchau

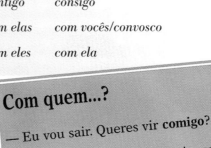

EXERCÍCIO J

Qual é a palavra certa? Se precisares de ajuda, consulta o quadro ao lado.

1. *Vou sair. Queres vir...?*   com ela   comigo

2. *Vais comprar um CD? Posso ir...?*   comigo   contigo

3. *Nós vamos até à sala de computadores. Queres vir...?*   com eles   connosco

4. *Professor, posso falar ...?*   contigo   consigo

5. *Onde é que vocês vão? Posso ir..?*   com elas   com vocês/convosco

6. *A Isabel está à minha espera. Vou ter...*   com eles   com ela

Com quem...?

— Eu vou sair. Queres vir **comigo**?

— Vais comprar fruta? Posso ir **contigo**?

— A mãe vai à rua? Posso ir **consigo**?

— Nós vamos ao mercado. Querem vir **connosco**?

— Estamos no clube. Vamos já aí ter **com vocês/convosco**.

— Posso ir **com os senhores** no carro?

135

POR PORTUGAL FORA!

No posto de turismo, deram ao Bruno o mapa da Costa de Prata. Entretanto, o Bruno reuniu-se com os amigos para decidirem que partes desta linda zona portuguesa vale mais a pena visitar. Observa o mapa com atenção e responde às perguntas que se seguem na página seguinte.

COSTA de PRATA

CASTELO DE PAIVA
AROUCA
VILA DA FEIRA
VALE DE CAMBRA
OVAR
OLIVEIRA DE AZEMEIS
TORREIRA
MURTOSA
S. Jacinto
ROTA da LUZ
SEVER DO VOL
ALBERGARIA A VE
AVEIRO
ÁGUEDA
ILHAVO
OLIVEIRA DO BAIRRO
Luso
Rio Vouga
VISTA ALEGRE
Curia
Buçaco
Palheiros de Mira
MIRA
MONTEMOR O VELHO
COIMBF
FIGUEIRA DA FOZ
Rio Mondego
CENTRO
PENELA
Pedrogão
Rio Liz
Vieira
POMBAL
S.Pedro de Moel
Monte Real
LEIRIA
MARINHA GRANDE
ROTA do SOL
BERLENGAS
Batalha
Fátima
Porto de Mós
S.Mamede
NAZARÉ
S.Martinho do Porto
Alcobaça
Mira d'Aire
Alvados
Foz do Arelho
S.António
CALDAS DA RAINHA
PENICHE
Baleal
ÓBIDOS
RIO MAIOR
Consolação
BOMBARRAL
Areia Branca
LOURINHÃ
OESTE
CADAVAL
Vimeiro
Rio Tejo
Santa Cruz
TORRES VEDRAS
Cucos
SOBRAL
ALENQUER
ARRUDA

COSTA DE PRATA

EXERCÍCIO K

Que actividades podes fazer...

1. na Nazaré?
2. na Figueira da Foz?
3. perto de Vimeiro?
4. em S. Pedro de Moel?
5. em Peniche?

EXERCÍCIO L

O que de melhor podes comer ou beber em cada uma destas localidades?

1. Luso
2. Ovar
3. Rio Maior (área)
4. Vimeiro
5. Águeda

EXERCÍCIO M

O que podes visitar...

1. em Óbidos?
2. na Batalha?
3. em Fátima?
4. em Coimbra?
5. no Buçaco?

Bragança

🏛 zona histórica

🏛 museus

🏛 monumentos

⛪ igrejas

🅿 parque natural

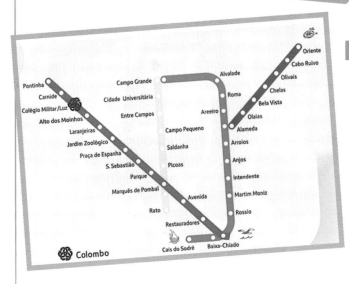

EXERCÍCIO N

Com base no mapa do metro de Lisboa...

Adivinha!

Onde se encontra o Bruno e para onde vai, tendo em conta que ele precisa de apanhar a linha do Oriente, passar por quatro estações, sair na Alameda, apanhar a linha da Caravela, sair na sexta estação, apanhar a linha da Gaivota e sair na terceira estação?

Já percebeste ou queres que te faça um desenho?

É por causa desses comentários que um dia destes vou tirar umas feriazinhas ...

Em Tomar

Lisboa, 18 de Julho

Caro Senhor Drácula,

Somos os cinco jovens que lhe telefonámos anteontem e estamos interessados em ficar na sua estalagem em Tomar por três dias.

Gostaríamos de saber se o preço que mencionou ao telefone inclui pequeno-almoço ou não, se os quartos têm ar condicionado, televisão e serviço de limpeza e se a estalagem fica perto de locais de interesse turístico.

Se não fosse muito incómodo, gostaríamos de lhe pedir também que especificasse melhor o problema que o seu cão tem, pois não ficou muito claro ao telefone.

Caso a sua resposta seja do nosso agrado, gostaríamos de reservar dois quartos duplos (um para duas raparigas e outro para três rapazes). Agradeciamos que o último quarto tivesse uma cama extra para a terceira pessoa.

Desde já gratos pela sua atenção,

Bruno, François, Sarah, Michaela e Pedro

CONSTRUÇÃO DO PATINÓDROMO

Mudança de radical
1.ª pessoa do singular
- Presente do Indicativo -

a) Alguns verbos terminados em **-i** mudam o **-e** para **-i**.

    Exemplo:
preferir - prefiro	repetir - repito
servir - sirvo	seguir - sigo
vestir - visto	mentir - minto

b) Alguns verbos terminados em **-cer** recebem a cedilha **ç** quando são seguidos por **-o**.

    Exemplo:
parecer - pareço	agradecer - agradeço
descer - desço	conhecer - conheço

c) Os verbos dormir, tossir e descobrir mudam o **-o** para **-u**.

    Exemplo:
    eu durmo   eu descubro   eu tusso

Esta Estalagem "Arrepio" até me deixou arrepiado!!!

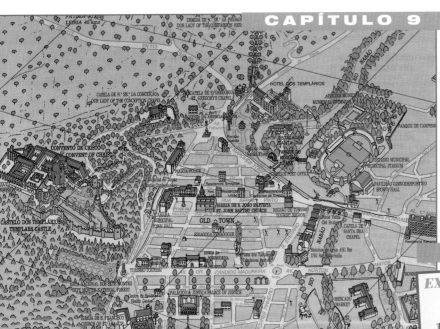

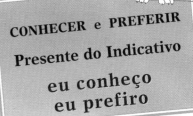

CONHECER e PREFERIR

Presente do Indicativo

eu conheço
eu prefiro

BLA BCA'

EXERCÍCIO O

ORAL

1. Observa o mapa de Tomar e assinala os locais de maior interesse turístico para ti. Porquê?

2. O Bruno e os amigos encontram-se no posto de turismo e querem visitar a Capela de S. Gregório. Localiza estes locais no mapa e indica qual o melhor caminho até à Capela.

3. Produz um roteiro turístico desta região para dois dias. Seguidamente, passa-o à escrita.

EXERCÍCIO P

Completa as frases com os verbos indicados.

1. Eu ... (preferir) ficar noutra estalagem!
2. (tu) ... (conhecer) o Hotel dos Templários?
3. As raparigas ... (preferir) ficar numa Pousada.
4. Eu não ... (conhecer) nenhuma em Tomar!
5. Nós ... (preferir) ficar na estalagem "Arrepio"!

BLA BCA'

EXERCÍCIO Q

Observa as imagens de várias diversões na página anterior e responde às perguntas.

Qual destas diversões...

• Só pode ser feita ao ar livre?
• É a mais perigosa?
• Requer maior equilíbrio?
• Requer menos esforço?
• Envolve grande rapidez?

Tomar, 20 de Julho

Aos Srs. Bruno & Co.

A Estalagem "Arrepio" está ao vosso dispor para os dias que pretendem. Em relação às informações pedidas, devo dizer que o preço mencionado não inclui pequeno-almoço. Se desejarem tomá-lo, terão de se deslocar ao café mais próximo que fica a cerca de 7 Km. Relativamente aos quartos, nenhum deles tem cama, mas serão fornecidos sacos-cama confortáveis. Devo acrescentar que serviço de limpeza é contra o espírito da nossa Estalagem, mas os quartos encontram-se habitáveis.

Por fim, a Estalagem fica a 10Km de qualquer local que possam considerar interessante, mas o meu obediente cão terá o maior prazer em vos indicar o caminho (devo, porém, prevenir-vos que a maioria dos clientes o acha um bocadinho raivoso).

Espero que a informação prestada vos satisfaça.

Drácula

139

Oi avós!
Daqui fala o François.
Nem imaginam o que aconteceu: já perdi o medo de voar, pois tirei um curso de pára-quedismo em Lisboa. Também já não tenho vertigens pois tenho feito montanhismo com a malta. As raparigas daqui também são um espanto! Ah! Também aprendi a nadar, pois era obrigatório saber para fazer o curso de vela...

É a Michaela!
Nem acreditas no que tenho feito!
Tenho passeado muito por Portugal, tenho nadado nos rios, jogado às cartas e fiz canoagem pela primeira vez e adiei a minha viagem de regresso por uns meses... o pior é que já não tenho dinheiro. As lojas daqui são irresistíveis!

ACTIVIDADES LÚDICAS

Oi José!
Vais morrer de inveja quando te mostrar as minhas fotografias destas férias! Tenho-me divertido à grande. Ouve só: tenho andado a praticar judo, aluguei uma mota de água por vários dias, aprendi a fazer surf, tenho jogado futebol na praia e já conquistei o coração de uma moça espectacular!
Pedro

Olá paizinho!
Daqui é a tua filhota adorada, a Sarah! Tenho passado um tempo estupendo! Eu tenho ficado a dormir na mesma tenda que os rapazes e temo-nos divertido muito! A paisagem em Portugal é muito interessante. Tenho saído todas as noites até às cinco da manhã. Sabias que a cerveja daqui é muito forte?

EXERCÍCIO R

Quem...

1. Passou muito tempo a fazer compras?
2. Tirou fotografias?
3. Vai ficar cheio de inveja?
4. Alterou os seus planos de viagem?
5. Nadou bastante?
6. Tirou dois cursos e de quê?
7. Sofreu uma mudança radical de personalidade?
8. Vai ficar muito preocupado ao saber que a cerveja em Portugal é forte?
9. Fez actividades mais arriscadas?
10. Não pagou muito pelo alojamento?

Cá para mim, o melhor desporto é dormir!

Mudança de radical - i

PASSEAR	SAIR
Presente do Indicativo	Presente do Indicativo
Eu passeio	Eu saio
Tu passeias	Tu sais
Ele/Ela passeia	Ele/Ela sai
Nós passeamos	Nós saímos
Eles/Elas passeiam	Eles/Elas saem

ALUGUER DE MOTAS DE ÁGUA

CAPÍTULO 9

EXERCÍCIO S

Escreve as perguntas correspondentes às respectivas respostas.

1. Todos os dias eles saem à noite.
2. Eu passeio sempre com o meu namorado.
3. A Sarah sai sempre depois do jantar.
4. Sim, adoro passear à beira-mar. É tão romântico!
5. Os meus pais nunca saem depois das onze da noite.
6. Sim, nós passeamos muito com outros jovens.
7. Tu sais demasiadas vezes!
8. O Bruno passeia muito pelo Jardim Botânico.
9. Eu e o Artur não saímos de casa nesse dia.
10. Porque eu gosto de passear sozinha. Faz-me bem!

EXERCÍCIO T

Em trabalho de pares, façam um diálogo com as perguntas seguintes.

1. És muito ou pouco desportista?
2. És sócio(a) de algum clube desportivo?
3. Gostas de jogar futebol?
4. Interessas-te por golfe?
5. Não gostas de jogar xadrez?
6. Gostas de ver atletismo na televisão?
7. Qual é o desporto nacional do país onde vives?
8. Qual é o desporto mais popular no Brasil?
9. Gostas de râguebi?
10. Gostarias de praticar algum desporto perigoso?

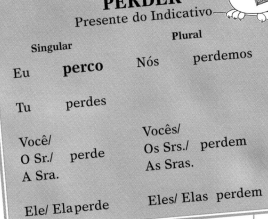

PERDER
Presente do Indicativo

Singular		Plural	
Eu	**perco**	Nós	perdemos
Tu	perdes		
Você/ O Sr./ A Sra.	perde	Vocês/ Os Srs./ As Sras.	perdem
Ele/ Ela	perde	Eles/ Elas	perdem

EXERCÍCIO U

Completa as frases.

1. Numa equipa de futebol há .... jogadores.
2. Numa equipa de futebol americano há .... jogadores.
3. Num baralho, há .... cartas.
4. Num tabuleiro de xadrez há .... peças brancas.
5. Uma partida de futebol internacional dura ...... minutos.
6. Num campo de golfe há .... buracos.
7. Numa equipa de râguebi há .... pessoas a jogar.
8. A bola de futebol é .... do que a bola de basquetebol.
9. Ao futebol vão .... espectadores do que ao basquetebol.
10. O pano da mesa de bilhar é .... (cor).

Um azar nunca vem só!

Bruno - Nós já dissemos aos senhores que estamos inocentes. Não era nossa intenção fugir da estalagem sem pagar a conta, mas é que o cãozinho do Senhor Drácula largou a correr atrás das nossas calças e nós tivemos de fugir...

Bruno - Sarah, o teu pai acabou de telefonar aos meus pais a dizer que não gostou do teu telefonema e que está prestes a aterrar no aeroporto de Lisboa para ter uma conversinha contigo...

Sim, minha senhora, eu já expliquei que estava a andar a cavalo e que cavalo comeu o meu bilhete de avião. O que eu quero saber é se posso regressar à Irlanda sem ter de pagar outro bilhete...

Michaela - O senhor está a tentar dizer-me que eu não tenho mais dinheiro na conta?! Como é que isso é possível? Eu pedi aos meus pais para depositarem mais dinheiro, pois eu já estava sem nenhum... O quê?! Os meus pais recusaram-se??!! Como é que eu vou pagar a conta do cartão de crédito?

Enfermeiro - Como é que ele ficou neste estado?
Pedro - Bom, ele estava a fazer pára-quedismo e caiu no rio. Com a atrapalhação, bateu com a cabeça numa rocha e perdeu a consciência, pelo que começou a afogar-se. A sorte dele é que eu estava ali perto e pude acudi-lo!

- Então o seu nome é Pedro? Pois bem, a minha filha diz que o senhor a tentou seduzir. É verdade?
- Claro que não! Eu nunca faria uma coisa dessas. A sua filha é uma mentirosa!
- Pois é melhor esclarecermos tudo na esquadra, não lhe parece?

TER (Irregular)

— Presente do Indicativo

Singular		Plural	
Eu	tenho	Nós	temos
Tu	tens		
Você/ O Sr./ A Sra.	tem	Vocês/ Os Srs./ As Sras	têm
Ele/Ela	tem	Eles/Elas	têm

TEMPO MÁXIMO 30 MINUTOS

EXERCÍCIO V

Completa as frases, usando o verbo TER.

1. Ao ver tantas placas de sinalização, eu... dúvidas em relação ao caminho a seguir.
2. Depois de um dia sem comer, ela...
3. Depois de duas horas ao sol, nós...
4. De noite, sozinhas, numa rua mal iluminada, elas...
5. No Inverno sem casaco, gorro e luvas, tu...
6. Ao ver o carro da Polícia, ele...
7. Há pessoas que... medo de ir ao dentista.
8. Não comam tanto! Vocês...
9. O meu carro não anda. Deve...
10. A Michaela não... dinheiro no banco.

EXERCÍCIO W

Lê os problemas do Bruno e dos seus amigos.

1. Responde às perguntas.

a) Quem é que caiu ao rio?
b) Onde é que essa pessoa se encontra?
c) Quem é que perdeu o bilhete de avião?
d) Com quem é que essa pessoa está a falar?
e) Onde é que se encontram o Bruno e os amigos?

2. Verdadeiro ou falso?

a) O Sr. Drácula fez queixa do Bruno e dos amigos à Polícia.
b) O pai da Sarah resolveu tirar umas férias em Portugal.
c) Os pais da Michaela não sabem que a filha precisa de dinheiro.
d) O Pedro salvou o amigo.
e) O cão do Sr. Drácula é muito dócil.
f) A Sarah fez equitação.
g) O Pedro está apaixonado.
h) O Bruno não quis pagar a conta da estalagem.
i) Os pais do Bruno não conseguem contactar com ele.
j) A Sarah quer ficar em Portugal mais tempo.

SOCORROOOO!!!

EXERCÍCIO X

Observa as fotografias e explica de que forma podem estar relacionadas, ou não, com os problemas.

143

No Restaurante

O Sr. Policarpo entra no Restaurante COMIDA PARA TODOS OS GOSTOS" e senta-se numa mesa ao pé da janela, com ar infeliz.

Empregado — Boa noite. É para jantar?
Sr. Policarpo — É sim. Pode trazer a ementa, por favor?
Empregado — Com certeza.

O Sr. Policarpo passa algum tempo a ler a ementa sempre com ar infeliz. Entretanto, o empregado põe na mesa pão e manteiga.

Empregado — O Sr. já escolheu?
Sr. Policarpo — Já sim. Queria uma sopa de legumes a saber a queimado e a seguir um bife muito duro e sem molho, batatas fritas cheias de óleo e um ovo estrelado aos bocados.
Empregado — O senhor... o senhor desculpe..., mas está certamente a brincar... nós só servimos comida da melhor qualidade e...
Sr. Policarpo — Claro que não estou a brincar. O vosso cozinheiro não sabe fazer o que vos acabo de pedir?
Empregado — Sabe, sabe com certeza, desculpe. E o que deseja para beber?
Sr. Policarpo — Meia garrafa de vinho tinto da casa, se possível já azedo.

O cozinheiro fica tão espantado quanto o empregado, mas prepara tudo ao gosto do cliente.

O Sr. Policarpo come e bebe com ar deliciado e o empregado mal acredita no que vê.

Empregado — Deseja sobremesa?
O Sr. Policarpo — Tem mousse de chocolate de pacote?
Empregado — Lamento, mas não temos. As nossas sobremesas são todas caseiras.
Sr. Policarpo — Então queria só um café e a conta, se faz favor.
Empregado — É só um momento.
Sr. Policarpo — Estou muito satisfeito com o vosso restaurante. A vossa comida é realmente para todos os gostos. Vou passar a jantar cá todos os dias. Sabe, é que a minha mulher está longe a tratar da minha sogra e eu já estou com saudades da comidinha dela...

Empregado — Ah, agora já compreendo...

Comer Fora

"Comida para todos os gostos"! Hei-de lá ir perguntar se fazem comida especial para tartaruga ...

EXERCÍCIO Y

Escolhe a opção correcta.

1. O Sr. Policarpo está:
a. *feliz*
b. *triste*
c. *nem feliz nem triste*
d. *zangado*

2. Ele pede uma sopa de legumes:
a. *fresca*
b. *estragada*
c. *muito salgada*
d. *um pouco queimada*

3. O bife tem de ser:
a. *tenro e com molho*
b. *tenro e sem molho*
c. *duro e sem molho*
d. *duro e com molho*

4. Ele quer as batatas fritas:
a. *secas*
b. *oleosas*
c. *queimadas*
d. *pouco fritas*

5. O ovo estrelado tem que estar:
a. *partido*
b. *inteiro*
c. *mal frito*
d. *bem frito*

Provando o vinho do Porto

Queijos e vinhos típicos de Portugal

Um canibal vai numa viagem de cruzeiro.
O criado vem ao pé dele e pergunta:
– O que deseja?
– A lista dos passageiros. ☺

Na praia.
– Mãe, já posso ir ao banho?
A mãe, distraída:
– Vai sim, meu filho. Mas tem cuidado, não te molhes!

HUMOR

145

Celebrações & Co.

1 — *Faço anos no sábado. Queres vir à minha festa?*

A Sofia ao telefone

2 — *Tenho muita pena, mas não posso ir. Nesse dia, chegam os meus tios que vivem na Suíça.*

O Miguel ao telefone

3 — *Claro que quero. A que horas? Vou levar a máquina fotográfica.*

A Lena ao telefone

4 — *Não sei se posso ir. Tenho de falar com os meus pais.*

A Mónica ao telefone

5

... para a minha festa que se
realiza em_____
Rua Rodrigo da
Fonseca, 56, 1ºD
no dia ___sábado___
22 de Julho
às ___20___ horas.

EXERCÍCIO A

Primeiro, lê os convites e as respostas (1–7). A seguir, observa a fotografia em baixo.

1. Quantas pessoas estão na festa?
2. Com quem é que a Sofia falou ao telefone?
3. Quem poderá ser a senhora?
4. Quem é que não pode ser o senhor?
5. Quem é que afinal não pôde vir à festa?

EXERCÍCIO B

Lê também os textos da página seguinte. Quem...

1. Faz anos no sábado?
2. Vai receber o convite pelo correio?
3. Foi convidado(a) pelo telefone?
4. Não pode ir à festa?
5. Aceitou logo o convite?
6. Está doente?
7. Enviou a prenda pelo correio?
8. Vai receber visitas do estrangeiro nesse dia?

Querida Tia Augusta

Como sabe, faço anos no próximo sábado e venho convidar a Tia para a minha festa.
Tenho muitas saudades suas e gostava muito de a ver nesse dia.
Beijinhos e até sábado.

Sofia

6

Querida Sofia

Obrigado por te lembrares do teu tio velhote.

Infelizmente, não posso ir à tua festa, porque estou de cama. Mando-te aqui este dinheiro para comprares uma prenda ao teu gosto.

Um beijo e um grande abraço de Parabéns.

Tio Alberto

7

FAZER (irregular)				**DIZER** (irregular)			
PRETÉRITO PERFEITO				PRETÉRITO PERFEITO			
Singular		Plural		Singular		Plural	
Eu	fiz	Nós	fizemos	Eu	disse	Nós	dissemos
Tu	fizeste			Tu	disseste		
Você/ O Sr./ A Sra.	fez	Vocês/ Os Srs./ As Sras.	fizeram	Você/ O Sr./ A Sra.	disse	Vocês Os Srs./ As Sras.	disseram
Ele/Ela	fez	Eles/Elas	fizeram	Ele/Ela	disse	Eles/Elas	disseram

EXERCÍCIO C

Completa as frases com os verbos FAZER e DIZER no Pretérito Perfeito Simples.

1. Quem _____ o bolo de anos?

2. Quem _____ que talvez pudesse ir à festa?

3. As amigas _____ uma festa quando a viram!

4. Nós já _____ que íamos à tua festa!

5. Fui eu que _____ a tarte!

PASSANDO BEM O TEMPO

Para: Ana, Guilherme, Laura, Carlos e Sofia.

Isto é um convite de festa de mudança de casa!

Na sexta, às 8 da noite, em minha casa (não há desculpas!).

Beijinhos,   Pedro

Já reparaste que não fomos convidados para entrar na 1ª página?

Que vergonha! O que é que os leitores irão pensar de nós?

Moçambique, 2 de Julho

Querida Sofia,

Finalmente consegui cumprir o que prometi. Venho, por este meio, convidar-te para o meu aniversário de casamento. Como sabes, eu e a tua tia fazemos 25 anos de casados!

Aproveito para te pedir para convidares também o Guilherme e a Laura. A festa é na próxima sexta-feira às 20 horas.

Conto com a vossa presença!

Um abraço,

Mário

— Estou, Laura? É a Ana! Olha, queria convidar-te para vires à despedida de solteira de uma amiga minha.

— Quando é?

— Nesta 6.ª às 9 horas da noite. Podes ir?

— Em princípio, posso. Mas tenho de ver se tenho mais algum correio, não vá haver mais convites. Ultimamente tem sido de mais!

TELEGRAMA

CARLOS:
FESTA NO CLUBE DE DESPORTO 6.ª 19H30. TRAZ LAURA E GUILHERME.

ANA

EXERCÍCIO D

Une e completa as frases.

1. A festa é só até às três da manhã,
2. Quando ela disse que sim,
3. Ontem, no Telejornal, disseram os nomes deles,
4. Tu disseste que ainda havia bilhetes para o concerto
5. O que é que ele disse quando percebeu que
6. Por brincadeira, dissemos que havia ratos na sala
7. Os meus avós disseram que preferem
8. Eu já disse que não ao Jaime,
9. O que é que tu disseste quando reparaste
10. Eles aceitaram o convite para esta festa

a. não havia cadeiras para todos os convidados?
b. e afinal já está tudo esgotado.
c. ele começou a saltar de contente.
d. mas ele não desiste.
e. porque alguém disse que havia champanhe e lagosta.
f. e começaram todos a fugir.
g. mas não percebemos bem a notícia.
h. passar o Natal e a Páscoa em Cabo Verde.
i. mas o meu pai já disse que não posso ir!
j. que não havia nada para comer nem para beber?

EXERCÍCIO E

Com base nos convites diz...

Quem é que...

1. Enviou uma mensagem por correio electrónico?

2. Escreveu uma carta?

3. Utilizou o menor número possível de palavras?

4. Telefonou?

EXERCÍCIO F

Descobre!

1. *Quem já tinha feito o mesmo convite antes.*
2. *Quem só convida e não é convidado.*
3. *Quem foi convidado duas vezes indirectamente.*
4. *Quem convidou a Laura.*
5. *Quem vai a uma festa só com raparigas.*
6. *Quem recebeu mais convites.*
7. *Quem foi convidado para uma festa mais formal.*
8. *Quem recebeu um só convite directamente.*
9. *Que diferença horária existe entre a festa de despedida de solteira e a festa de mudança de casa.*
10. *Quem é que poderia ficar numa festa cerca de uma hora e ainda ir a outra festa na mesma noite?*

EXERCÍCIO G

Escolhe a forma correcta do verbo.

1. *Quando sai à noite, ela não (faz/fez) os trabalhos de casa.*
2. *(Faço/Fiz) o trabalho e depois fui sair com os meus amigos.*
3. *Quando não tenho dinheiro, não (faço/fiz) nada.*
4. *Fomos passar dois dias ao campo, mas (fez/faz) muito frio.*
5. *O que é que (fazemos/fizemos) aqui? Não está cá ninguém.*
6. *O que é que (fazes/fizeste) quando o teu pai chegou?*
7. *O que é que vocês (fazem/fizeram) quando o tempo está mau?*
8. *Diz que não (faz/fez) nada, porque chegou muito tarde.*
9. *No sábado passado, eles (fazem/fizeram) uma grande festa e todos nos divertimos imenso.*
10. *Hoje, (fazemos/fizemos) muito barulho nas aulas e fomos castigados.*
11. *Ontem, (faço/fiz) um bom jantar e comemos todos muito bem.*
12. *A minha avó (faz/fez) aeróbica todos os dias.*

mais um ano...
menos juízo...

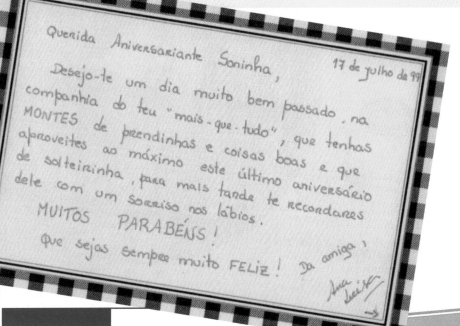

Querida Aniversariante Soninha,
17 de julho de 99

Desejo-te um dia muito bem passado, na companhia do teu "mais-que-tudo", que tenhas MONTES de prendinhas e coisas boas e que aproveites ao máximo este último aniversário de solteirinha, para mais tarde te recordares dele com um sorriso nos lábios.

MUITOS PARABÉNS!

Que sejas sempre muito FELIZ! Da amiga,

"PARABÉNS A VOCÊ"

Parabéns a você
Nesta data querida
Muitas felicidades
Muitos anos de vida.

Hoje é dia de festa
Cantam as nossas almas
Para a/o menina/o (nome)
Uma salva de palmas!

EXERCÍCIO H

Responde às perguntas.

1. Em que dia fazes anos?
2. Quantos anos vais fazer?
3. Costumas fazer festa?
4. Quem é que convidas?
5. Que presentes recebeste o ano passado?
6. O que gostarias de receber este ano?

HAVER

PRESENTE DO INDICATIVO

HÁ

Quantos alunos **há** hoje na aula?

Só **há** uma banana na fruteira.

Agora, **há** carros por todos os lados.

PRETÉRITO IMPERFEITO

HAVIA

Quantos alunos **havia** ontem?

Esta manhã **havia** um dúzia.

Antigamente não hav tantos.

EXERCÍCIO I

Completa com: havia, há-de, há, houve, à, haverá, hei-de.

1. A Joana não sabe o que ___ dar de presente de anos ao João!
2. ___ ainda lugares vagos no cinema?
3. Na festa do Rui, ___ alguém que roubou uma das jóias da mãe dele!
4. ___ tantos cartões de aniversário hoje em dia que se torna difícil escolher o mais bonito!
5. Não sei que papel de embrulho ___ comprar para embrulhar a prenda...
6. A festa de aniversário foi ___ noite.
7. Já telefonaste ___ Cristina a convidá-la?
8. ___ muitos convidados e muita comida.
9. ___ pessoas que não gostaram do bolo de anos, mas eu achei que estava bom.
10. ___ algumas pessoas que gostam de passar o dia de anos sozinhas.

TULO 10

HAVER

1. Quando o verbo **haver** significa "existir", só é usado na 3ª pessoa do singular: **Há** (Presente do Indicativo)

   Há um espectáculo muito bom esta noite. (singular)
   Há muitas festas em Agosto. (plural)

2. Quando nos referimos a uma acção completamente acabada, usamos **houve** (Pretérito Perfeito).

   Houve um acidente na minha rua.

3. **havia** (Imperfeito) é usado com mais frequência do que **houve** (Perfeito).

4. **Haverá, haveria.**
   Ainda haverá bilhetes?

5. *haver* como auxiliar.
   Um dia, hei-de ser cantor.

EXERCÍCIO J

Lê a carta do Quim e a da Dália e descobre as mentiras do Quim!

Querida Teresa,

Não podia deixar de te contar o que se passou na festa do Quim!

Em primeiro lugar, quase ninguém apareceu: eram quase nove horas da noite e ainda só tinham chegado cinco convidados (nessa altura, eu até que estava com pena dele).

Para cúmulo, quase ninguém lhe levou prenda de anos (acho que anda tudo mal de finanças!). A prenda mais interessante que ele recebeu foi um par de meias de desporto!

A comida até que estava gostosa, mas foi pena os pais dele não terem comprado bebidas - toda a gente teve de beber água da torneira, o que foi uma vergonha!

A seguir ao jantar, cantámos os Parabéns e comemos o bolo de anos que até estava bom (eu sempre gostei de chocolate!). Por fim, ele lá nos convenceu a ir a uma discoteca, mas a mãe dele proibiu-o de chegar a casa depois da meia-noite, pelo que a festa terminou muito cedo. Enfim, foi um desastre!

Escreve-me assim que receberes a carta, está bem?
Beijos,

Dália

Teresa,

A minha festa de anos foi de arromba! Foi pena não teres podido ir, mas desde já te digo que perdeste a festa do ano! Convidei todos os meus amigos e família para uma festa em minha casa. Às oito e meia da noite, já mais de quinze convidados tinham aparecido! Toda a gente se divertiu imenso! Havia música de discoteca para dançar, o meu pai servia as bebidas no bar e a minha empregada servia os canapés e os doces. Havia muita comida deliciosa e eu recebi imensos presentes: perfumes, CDs, livros de aventuras, jogos de computador e muito mais.

Às dez horas, depois do jantar, fomos a um bar muito engraçado com música ao vivo e depois fomos para uma discoteca, onde dançámos a noite inteira.

À meia-noite, toda a gente cantou os Parabéns a Você e eu soprei as velas do bolo de anos que era de ananás e natas: o meu preferido! À 1h00 fomos embora para casa.

E assim se passou mais um ano!
Beijos do teu amigo,

Quim Engana-Todos

Como costumas passar o teu aniversário?

Virgínia: Para ser sincera, nunca tive um aniversário de que me lembre. Os meus aniversários sempre foram muito simples. Nunca aconteceu nada de extraordinário.

Carina: Sempre com a família; com os meus tios, os meus pais... não posso convidar os meus amigos, porque os meus pais não querem.

Miguel: Eu gosto sempre de fazer uma grande festa e reunir os meus amigos. Geralmente, vamos jantar fora e vamos a uma discoteca. Quando era mais pequeno, os meus pais faziam uma festa em casa com bolo de anos e convidavam os meus colegas de escola.

Não, mas estou a ver se alguém me dá uma prenda!

Fazes hoje anos, ouriço?

151

Agora só falta arranjar noiva!

Pensas em.... darroonó??

Lara: *"O casamento para mim não é nada de importante. É engraçado, mas não passa de um papel assinado.*

Eu gostaria de me casar, mas, por enquanto, ainda não encontrei ninguém. Para me casar, tem de ser com uma pessoa com quem se queira fazer uma vida em conjunto para o resto da vida."

Cátia: *"Eu pretendo casar-me um dia. Não sei se me irei casar com um luxemburguês, português ou outro. Desde que goste dele e seja feliz é o que interessa. Não me importo com a nacionalidade dele. Os meus pais iriam aceitar perfeitamente, pois dizem muitas vezes que não se importam com quem iremos viver. Só a nossa felicidade é que conta."*

Eu chamo-me Patrick e antes de ter conhecido a Sónia, nunca me passou pela cabeça casar-me com uma portuguesa. Antigamente, eu tinha mais interesse pela cultura de países nórdicos, mas através da Sónia conheci Portugal, país de que gosto muito. As pessoas são muito simpáticas e comunicativas e Lisboa é uma cidade muito romântica! Eu também gosto muito de Sintra, Cascais e Sesimbra. Neste momento, estou a viver em Lisboa como engenheiro de telecomunicações e estou a aprender Português (tal como vocês!). Como vêem, já me rendi aos encantos de Portugal! Só há um problema: ainda não consegui gostar de bacalhau!

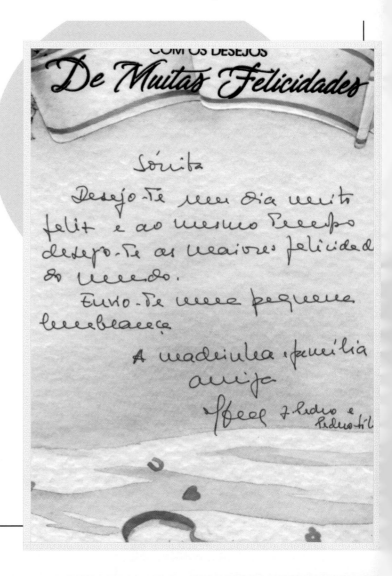

Sónia e Patrick casadinhos de fresco!

ria Helena E. R. Santos
ano Nunes Santos

Caroline Studdert
William Montgomery

o prazer de convidar V. Exª.
o matrimónio de seus filhos

*Would like you to join them to celebrate
the marriage of their son and daughter*

Sónia e Patrick

se realiza na Igreja de Sta. Isabel,
ia 8 de Agosto 1999, pelas 13 horas.

*at St. Isabel's church on 8th August 1999,
at 1 p.m.*

decemos confirmação até 1 de Julho 1999

Please confirm your presence by 1st July 1999

F.F.
oiva: [21] 390 40 34

R.S.V.P.
Tel. groom: [01628] 78 89 43

A história por detrás das imagens!

Sónia: Eu conheci o Patrick no primeiro dia em que cheguei à Irlanda do Norte, no dia 20 de Setembro. Eu tinha ganho uma bolsa de estudo para terminar o meu curso da Faculdade em Belfast e, mal chego, vejo o Patrick. Ele estava no aeroporto a pedido da Universidade para ajudar os estudantes estrangeiros.

A partir desse dia, fui a muitas festas organizadas pela Universidade e o Patrick estava lá sempre. No dia 2 de Dezembro começámos a namorar.

O Patrick é irlandês e é de origem protestante, mas a sua nacionalidade ou religião nunca foram obstáculos. Pelo contrário! Tanto eu como ele temos aprendido muito com a nossa relação e como crescemos em tradições diferentes, há sempre muito que contar e aprender.

Passados quatro anos de namoro, o Patrick pediu-me em casamento numa aldeia muito linda no Alentejo chamada Monsaraz. Foi um momento muito lindo; já era noite e nós podíamos ver as luzinhas que iluminavam o castelo da vila (não havia como não dizer "SIM!").

No dia 8 de Agosto de 1999, nós casámo-nos em Lisboa na mesma igreja onde os meus pais e avós se tinham casado. O Padre era irlandês e celebrou a cerimónia em português e inglês e os convidados tinham as mais diversas nacionalidades. A festa foi muito bonita e o dia foi o mais feliz de toda a minha vida!

A nossa vida em conjunto tem sido muito feliz porque nos amamos muuuiiitooo!!

EXERCÍCIO K

1 Une as perguntas com as respostas adequadas.

1. Já foste a algum casamento?
2. Eras convidado do noivo ou da noiva?
3. Quem levou as alianças?
4. Havia muitos convidados?
5. Onde foi o copo-de-água?
6. Como era o bolo de noiva?
7. Tiraram muitas fotografias?
8. Onde é que os noivos passaram a lua-de-mel?

a. Tinha três andares e estava muito bem decorado.
b. Do noivo. Foi o casamento do meu irmão mais velho.
c. Nos Açores.
d. Num restaurante muito bonito, à beira-mar.
e. Já, sim. Fui no Verão passado.
f. Havia perto de cem pessoas.
g. Tiraram e também fizeram um vídeo.
h. Foi a minha irmã mais nova.

2 Se já foste a um casamento, responde agora tu às mesmas perguntas.

153

Festas & Religiões

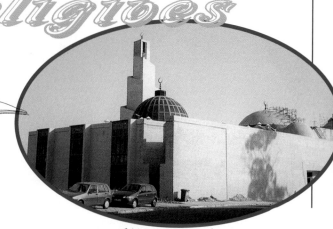

Mesquita, Lisboa

EXERCÍCIO L

Responde às perguntas.

1. Qual é a tua religião?
2. Onde são os lugares de culto?
3. Costumas festejar os feriados religiosos? Quais?
4. O que é que tu e a tua família fazem nesses dias?
5. Qual é o mês do ano com maior significado religioso para ti?

ESTA MESQUITA, CUJO TERRENO FOI DOADO PELA CÂMARA MUNICIPAL DE LISBOA, FOI INAUGURADA PELO REPRESENTANTE DE SUA EXCELÊNCIA O PRESIDENTE DA REPÚBLICA PORTUGUESA, DOUTOR AZEVEDO PERDIGÃO, EM 29 DE MARÇO DE 1985, TENDO SIDO CONSTRUÍDA COM DONATIVOS ORIUNDOS DE PAÍSES ISLÂMICOS DO MUNDO.

EXERCÍCIO M

Verdadeiro ou Falso?

1. O Natal é festejado por todos os Cristãos.
2. No Natal, celebra-se a morte de Cristo.
3. Jesus nasceu no dia 25 de Dezembro.
4. A missa à meia-noite de 24 para 25 de Dezembro chama-se Missa do Galo.
5. Só os Católicos fazem presépio.
6. O Islamismo e o Judaísmo não são religiões monoteístas.
7. Os Muçulmanos celebram o Eid.
8. Os sapatos têm que ser usados na mesquita.
9. Os Judeus celebram o Pessaj.
10. As senhoras não estão autorizadas a entrar na sinagoga.

Este ano, vou pedir ao Pai Natal que me dê uma ouriça em vez de uma tartaruga como amiga!

Sinagoga, Lisboa

Querida mãe!

Não imaginas a alegria que tive ao ver neve pela primeira vez.

É tão lindo! Aqui, em Castelo Branco, o Natal celebra-se do mesmo modo que aí em Luanda: a árvore de Natal iluminada, o presépio e a consoada.

Ontem, à meia-noite, fomos à Missa do Galo, mas antes comemos bacalhau cozido com batatas cozidas e hortaliça. A tia fez bolos e fritos maravilhosos: rabanadas e filhós.

Quando viemos da missa, abrimos as prendas. Elas estavam debaixo da árvore. Tenho pena de estar cá tão poucos dias.

Muitos beijos

Carlos

Igreja em Goa, Índia

EXERCÍCIO N

Completa as frases no teu caderno.

1. O Carlos está a escrever para uma pessoa em...
2. Ele está habituado a passar o Natal com (tempo)...
3. A única diferença deste Natal é que...
4. O Carlos está em Castelo Branco de...
5. O Carlos tem a companhia da... em Castelo Branco.

EXERCÍCIO O

BLA BLA

Observa as imagens e descreve o que estes jovens gostariam de receber pelo Natal.

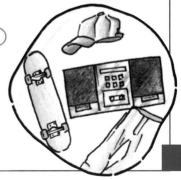

Outras celebrações
Outras celebrações

O S. Martinho festeja-se a 11 de Novembro.

Faz-se o Magusto: castanhas assadas na fogueira e água-pé.

A lenda do Verão de S. Martinho

Conta a lenda que, num dia de tempestade, em Novembro, um soldado romano chamado Martinho encontrou à beira da estrada um velho mendigo, cheio de frio, a pedir ajuda.

O soldado, que tinha bom coração, parou o cavalo, cortou ao meio a sua capa e ofereceu metade ao pobre homem, sem se importar com a chuva torrencial que continuava a cair.

De repente, a chuva e o vento pararam e o sol começou a brilhar, no céu sem nuvens, aquecendo a Terra como num dia de Verão.

Desde então, Deus repete este milagre todos os anos para nunca esquecermos a bondade de S. Martinho.

EXERCÍCIO P

Escolhe a opção correcta.

1. Em Novembro é
   a) Outono.   b) Verão.   c) Primavera.

2. Nesta estação, geralmente, faz
   a) sempre sol. b) frio e chove. c) muito calor.

3. Todos os anos, no dia 11 de Novembro,
   a) cai neve.   b) há uma tempestade.   c) faz bom tempo.

4. Segundo a lenda, isto acontece, para recordarmos
   a) todos os soldados romanos.   b) a boa acção de S. Martinho.   c) o pobre homem à beira da estrada.

EXERCÍCIO Q

Coloca os verbos entre parênteses no Pretérito Imperfeito do Indicativo.

1. Enquanto ele _____ (ver) televisão, o filho saiu de casa.
2. Ele _____ (correr) depressa, mas não conseguiu ganhar.
3. Eu _____ (estar) na cozinha quando ouvi um barulho.
4. A Marta e a Maria _____ (andar) na mesma escola.
5. Ele _____ (fazer) tudo para a conquistar!
6. Eles bem que _____ (falar), mas ninguém os ouvia.
7. Nós _____ (sentir) tanto frio que os nossos ossos quase congelaram!
8. Tu _____-te (rir) tanto que até caíste da cadeira abaixo!
9. Ela _____ (olhar) para ele, como se fosse um estranho.
10. Eu _____ (querer) tanto viajar!

O PRETÉRITO IMPERFEITO

Estas são as terminações do Pretérito Imperfeito:

	FALAR	COMER	PARTIR
Eu	falava	comia	partia
Tu	falavas	comias	partias
Você O Sr./A Sra. Ele/Ela	falava	comia	partia
Nós	falávamos	comíamos	partíamos
Vocês Os Srs./As Sras. Eles/Elas	falavam	comiam	partiam

Nota:
Os verbos em -er e -ir têm terminações iguais.

Eu bem que lhe piscava o olho, mas ela nada...

Fátima

Em 1917, Nossa Senhora apareceu várias vezes em Fátima (Cova da Iria) a três pastorinhos: Lúcia, Francisco e Jacinta. Milagres começaram a acontecer e a fé em Nossa Senhora de Fátima começou a espalhar-se. Fátima tornou-se um lugar de oração e o seu Santuário é visitado por peregrinos de todo o mundo, especialmente no dia 13 de Maio, data em que Nossa Senhora apareceu pela primeira vez.

A treze de Maio
Na Cova da Iria
Apareceu, brilhando,
A Virgem Maria.

Todos os verbos têm o Pretérito Imperfeito regular, excepto **ser** (era), **ter** (tinha), **vir** (vinha) e **pôr** (punha).

O **Pretérito Imperfeito** é usado:

para descrever e narrar factos a acontecerem numa determinada altura do passado.

Em 1988, os meus pais já viviam em Londres.

) para indicar acções passadas habituais ou repetidas.

Quando era pequena, andava de triciclo.

Costumar no Imperfeito + **Infinitivo** também indica uma acção habitual no passado.

Antigamente, ele costumava comer neste restaurante.

ota: costumar + Presente do Indicativo + **Infinitivo** indica uma acção habitual no presente.

Costumamos ir à missa ao sábado à tarde.

EXERCÍCIO R

Sublinha os verbos presentes no texto "Fátima". A seguir, passa-os para o Pretérito Imperfeito.

EXERCÍCIO S

1. Escreve cinco brincadeiras que tu gostavas de fazer quando eras criança.
   A seguir, escreve, para cada brincadeira, uma frase como se sugere no exemplo:

   Ex.: Eu costumava saltar à corda.

2. Agora, faz o mesmo para cinco passatempos que tu tenhas hoje em dia.

   Ex.: Eu costumo jogar à bola nos meus tempos livres.

MEIOS DE COMUNICAÇÃO

Esta conversa telefónica foi gravada
pela assistente e é verdadeira!

Até parece anedota...

Assistente — Linha de ajuda de computadores. Como posso ajudá-lo?

— Bom, eu estava a escrever no computador e as letras desapareceram de repente.

— Desapareceram?

— Sim. Está tudo em branco.

— Consegue mover o rato?

— Aqui não há nenhum.

— O seu monitor tem indicador de electricidade?

— O que é um monitor?

— É o equivalente ao ecrã na televisão! Consegue ver se os cabos estão correctamente ligados ao computador?

— Não consigo ver muito bem.

— Talvez se se debruçar consiga ver melhor...

— Não é isso. Eu não consigo ver porque está escuro.

— Escuro?

— Sim, a luz no escritório está desligada e eu só tenho a luz que vem da janela.

— Então, acenda-a.

— Não posso.

— Porque não?

— Porque houve um corte de energia.

Diga - lhes
que chegou
bem

Tell
them
you arrived
well

HOTEL IMPERADOR

EXERCÍCIO U

Responde às perguntas.

1. Quais são os meios de comunicação mais importantes para ti? Porquê?

2. Quando é que ouves rádio?

3. Costumas ligar o rádio enquanto estás dentro do carro do teu pai?

4. Que programas gostas de ouvir?

5. Passas mais tempo em frente ao televisor ou no computador?

6. O que mais te diverte quando estás a navegar na Internet?

7. Viste televisão ontem à noite?

8. Qual é o melhor filme que viste até hoje?

9. Em tua casa, costumam ver o Mundial de futebol?

10. Que tipo de programas televisivos te agradam mais?

EXERCÍCIO T

Estabelece comparações nas frases seguintes.

O correio electrónico é mais .... do que a carta.

Num postal, escreve-se .... do que numa carta.

A diferença entre o telemóvel e o telefone é que ....

Uma das semelhanças entre a televisão e a Internet é que .

O telefone é um meio de comunicação ...... do que o .....

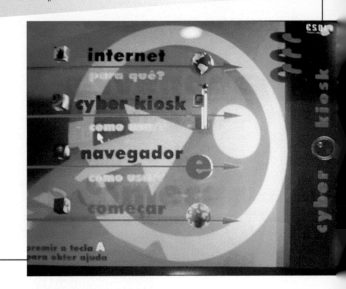

Virgínia:

"A única coisa boa acerca da televisão portuguesa é que dá noticiários muito bons. Dão noticiários mesmo excelentes: notícias internacionais com muitos pormenores e muitas reportagens. De resto, penso que a televisão portuguesa é um pouco aborrecida."

Adrianna Reis
MISS BRASIL

O que pensas sobre a televisão portuguesa?

Sandrine:

"Sim, gosto de ver o canal português; gosto muito de ver o telejornal, que dá notícias de Portugal e do Mundo. Gosto das novelas, mas só de algumas. Tenho pena é que não transmitam filmes na RTP Internacional; só dão jornais e novelas, mais nada."

Miguel:

"Eu acho que a televisão portuguesa devia ser modernizada. Por vezes, põem programas muito antigos. Têm que pôr programas para a nova geração."

Tzira:

"Eu penso que a televisão portuguesa está a melhorar, mas, mesmo assim, ainda precisa de muito incentivo. Eu mudaria algumas coisas, por exemplo: tiraria os filmes que dão para maiores de 18 anos que põem às 3 ou 4 da tarde, hora em que as crianças deveriam estar a ver desenhos animados.

Também não concordo com as telenovelas. Podia haver menos. Por exemplo, a SIC, que é um canal português, chega a dar 4 a 5 novelas por dia em vez de dar outros programas que nos ensinem mais, que cultivem mais a pessoa."

S.O.S. PAGER
TELE CHAMADA

EXERCÍCIO V

Dá a tua opinião!

1. O que faz um canal televisivo ser bom?
2. Concordas com a transmissão de filmes violentos na televisão?
3. Que programas devem as crianças ver?
4. Há anúncios publicitários que visam a venda de produtos ou a divulgação de diferentes ideias.
   Explica a diferença.
5. Que vantagens e/ou desvantagens te traz a televisão?

EXERCÍCIO W

Lê as opiniões sobre a televisão portuguesa e decide quem diria as seguintes afirmações.

1. A televisão portuguesa já foi pior.
2. Não gosto de todas as telenovelas.
3. A televisão portuguesa não é interessante.
4. Gosto muito de saber o que se passa no mundo.
5. Gostaria que houvesse mais programas culturais.
6. Filmes para adultos só deveriam ser transmitidos à noite.
7. Tenho pena de não transmitirem filmes na RTP Internacional.

159

Marta: *Eu prefiro ler jornais diários para ficar a saber o que se passa no meu país e no mundo, todos os dias. Há sempre tanta coisa que acontece! Gosto de me manter sempre informada.*

Jorge: *Eu adoro ler revistas de desporto, sobretudo sobre futebol, fórmula 1 e motas. Geralmente, estas revistas são mensais, por isso posso comprá-las sem gastar demasiado.*

Pedro: *Eu leio sempre o jornal de desporto, mas também gosto de ler um bom semanário, pois traz sempre bons artigos e não perco tempo com notícias pouco importantes que os jornais diários publicam.*

Rosa: *Eu gosto muito de ler revistas femininas, pois aprende-se muito sobre a vida. Estas revistas também trazem imagens de pessoas famosas e dão conselhos sobre problemas particulares e de saúde. Algumas destas revistas são semanais, outras mensais.*

EXERCÍCIO X

Escolhe!

A que tipo de revista pertencem os seguintes excertos de artigos? Justifica.

Revistas:	Jornais:
semanais	diários
mensais	semanais
bimensais	mensais
trimensais	
anuais	matutinos
	vespertinos

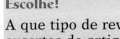

Não se esqueça de fazer exercício regularmente e de comer bastantes vegetais e fruta!

Tipos de revistas

Decoração
Golfe
Jardinagem
Futebol
Fórmula 1
Motociclismo
Surf
Moda
Saúde
Jet-set
Música
...

Esta Primavera, usam-se tons suaves como o rosa e o azul bebé. As sandálias de couro vão tornar a aparecer, assim como as calças à ciclista.

A banda vai começar a sua digressão pelos Estados Unidos da América na próxima semana. Os fãs já começaram a comprar bilhetes em Nova Iorque e em Los Angeles para assistirem aos concertos.

A família real espanhola compareceu ao casamento com pompa e circunstância.

Nesta altura do ano, não é difícil ter um jardim bonito. Basta comprar algumas flores da época, como rosas e dálias e semeá-las com um pouco de fertilizante e água.

Estas são apenas algumas sugestões que pode seguir se quiser remodelar a sua casa sem gastar muito dinheiro.

Eu gosto muito de ler revistas de Jet-set para saber o que as tartarugas importantes fazem!

EXERCÍCIO Y

Completa com os verbos **LER** e **VER** no Presente do Indicativo e no Pretérito Perfeito do Indicativo.

1. Todas as semanas, eu _____ o jornal.
2. Os meus pais _____ sempre o telejornal.
3. Tu _____ essas revistas? Se a tua mãe descobre...
4. Nós, em casa, _____ sempre os desenhos animados.
5. Vocês _____ a telenovela da noite?
6. O meu namorado _____ uma revista de saúde muito boa.
7. A minha irmã nunca _____ nada de interessante na Internet.
8. Já _____ aquele anúncio na televisão?
9. Eu nunca _____ nenhum jornal vespertino.
10. Vocês já _____ esta notícia?

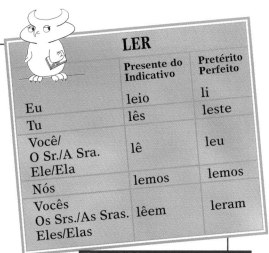

LER

	Presente do Indicativo	Pretérito Perfeito
Eu	leio	li
Tu	lês	leste
Você/ O Sr./A Sra. Ele/Ela	lê	leu
Nós	lemos	lemos
Vocês Os Srs./As Sras. Eles/Elas	lêem	leram

VER

	Presente do Indicativo	Pretérito Perfeito
Eu	vejo	vi
Tu	vês	viste
Você/ O Sr./A Sra. Ele/Ela	vê	viu
Nós	vemos	vimos
Vocês Os Srs./As Sras. Eles/Elas	vêem	viram

Eu nunca vejo a televisão sentado. Adivinhem porquê...

Faça compras no Cidade do porto e ganhe um peugeot 106 bem fresquinho

Eu uso o sabonete

LUX

diz

Amália Rodrigues

EXPOSIÇÃO
DE CARTAZES DE CINEMA
E PUBLICIDADE

GALERIA DO
CENTRO CULTURAL GANDARINHA
DE 10 DE JULHO A 26 DE AGOSTO
DE 3ª A DOMINGO DAS 15.00 ÀS 20.00
ENCERRA À 2ª FEIRA

CASCAIS
CÂMARA MUNICIPAL

EXERCÍCIO Z

Responde às perguntas.

1. Que tipo de livros gostas mais de ler? Porquê?
2. Qual é o livro mais interessante que já alguma vez leste?
3. Em que língua costumas ler?
4. Que escritores de Língua Portuguesa conheces?
5. Gostas de escrever poemas, contar lendas, anedotas?

AH   AH
AH   Era uma casa redonda e os homens lêem sempre o jornal, só que há muito que os homens vão ler fora de casa.   OH
IH   Sabem porquê?   AH   AH
OH   Porque assim é o vento que vira as folhas!
IH   OH   OH   AH

SUGESTÃO DE ACTIVIDADE

Um aluno fará o reconto oral de uma lenda/uma anedota/um poema que conheça.
Seguidamente, todos os alunos da Turma passarão à escrita aquilo que foi recontado oralmente.

161

PORTUGUÊS	ENGLISH	ESPAÑOL	DEUTSCH	FRANÇAIS	NEDERLANDS
abacaxi (o)	**pineapple**	**piña**	**Ananas**	**ananas**	**ananas**
abelha (a)	bee	abeja	Biene	abeille	bij
aborrecido	boring	aburrido	langweilig	ennuyant	vervelend
aborto (o)	abortion	aborto	Abtreibung	avortement	abortie
abranger	to understand	comprender	verstehen	comprendre	begrijpen
Abril	April	Abril	April	avril	April
acabar de (chegar)	have just arrived	acabar de (llegar)	angekommen sein	venir (d'arriver)	aankomen
acampar	to camp	acampar	zelten	camper	kamperen
acção	action	acción	Aktion	action	actie
aceitar	to accept	aceptar	annehmen	accepter	accepteren
acerca	regarding	acerca	betreffend	à propos de	wat betreft
achar	to find / to think	encontrar / hallar	finden / denken / glauben	trouver	vinden / denken
acidente (o)	accident	accidente	Unfall	accident	ongeluk
aconselhar	to advise	aconsejar	raten	conseiller	raad geven
acordado	awake	despertado	wach	réveillé	wakker
acordar	to wake up	despertarse	aufwachen	réveiller	wakker worden
Açores (os)	Azores	Azores	Azoren	Açores	Azoren
activo	active	activo	aktiv	actif	actief
adeus	goodbye	adiós	auf Wiedersehen	adieu	Tot ziens
adiar	to postpone	posponer	verschieben	reporter	afzetten
adivinhar	to guess	adivinar	raten	deviner / prédire	raden
adolescente (o)	adolescent	adolescente	Jugendliche	adolescent	adolescent / puber
adormecer	to fall asleep	dormirse	einschlafen	(s')endormir	In slaap vallen
adulto (o)	adult	adulto	Erwachsene	adulte	volwassen
advogado (o)	lawyer	abogado	(Rechts)anwalt	avocat	advocaat
aeroporto (o)	airport	aeropuerto	Flughafen	aéroport	vliegveld
africano	African	africano	afrikanisch / Afrikaner	africain	afrikaan
agência imobiliária (a)	estate agent	agencia inmobiliaria	Maklerbüro / Immobilienmakler	agence immobilière	makelaar in onroerende goederen
agora	now	ahora	jetzt	maintenant	nu
agradável	pleasant	agradable	schön	agréable	aangenaam
água (a)	water	agua	Wasser	eau	water
água-furtada (a)	attic	buhardilla	Dachboden	grenier	zolder
ainda	still / yet	todavía	noch / schon	encore	nog
alegria (a)	joy	alegría	Freude	joie	vreugde
além de	as well as	además de	genauso wie	en plus de	bovenop
Alemanha (a)	Germany	Alemania	Deutschland	Allemagne	Duitsland
alemão	German	alemán	deutsch / Deutsche	allemand	duitser
alérgico	allergic	alérgico	allergisch	allergique	allergisch
alface (a)	lettuce	lechuga	Kopfsalat	laitue	sla
algibeira (a)	pocket	bolsillo	Tasche	poche	zak
algodão (o)	cotton	algodón	Baumwolle	coton	katoen
alguém	somebody / anybody	alguien	jemand	quelqu'un	iemand
algum / alguma	some	algún	etwas / einige	quelqu'un / quelque chose	sommige / iets
alho (o)	garlic	ajo	Knoblauch	ail	knoflook
aliança (a)	ring	anillo	Ring	alliance	ring
alimentação (a)	food	alimentación	Essen	alimentation	eten
almoçar	to have lunch	comer / almorzar	zu Mittagessen	déjeuner	lunchen
alojamento (o)	accomodation	alojamiento	Unterkunft	logement	accommodatie
alterar	to alter	alterar	ändern	modifier	veranderen
alto	tall / high	alto	groß / hoch	grand / haut	lang / hoog
altura	hight	altura	Höhe	hauteur	hoogte
alugar	to rent / to hire	alquilar	mieten	louer	huren / verhuren
amanhã	tomorrow	mañana	morgen	demain	morgen
amarga	bitter	amarga	bitter	amer	bitter
amável	kind	amable	liebenswürdig / nett	aimable	vriendelijk / aardig
amiga (a)	girlfriend	amiga / novia	Freundin	amie	vriendin

PORTUGUÊS	ENGLISH	ESPAÑOL	DEUTSCH	FRANÇAIS	NEDERLANDS
amigo (o)	friend	amigo	Freund	ami	vriend
amizade (a)	friendship	amistad	Freundschaft	amitié	vriendschap
ananás (o)	pineapple	piña	Ananas	ananas	ananas
andar	to walk	andar	gehen	marcher	wandelen
andar (o)	flat / apartment	piso	Wohnung	étage	woning
andar de	to travel by transport	viajar (en transporte)	fahren / fliegen	être / parcourir	reizen met
anedota (a)	anecdote	anécdota	Anekdote	anecdote	grap
Angola	Angola	Angola	Angola	Angola	Angola
angolano	Angolan	angoleño	angolanisch / Angolaner	angolais	angolees
aniversário (o)	birthday	cumpleaños	Geburtstag	anniversaire	verjaardag
Ano Novo (o)	New Year	Año Nuevo	Neujahr	Nouvel An	nieuwjaar
anos de escolaridade	academic years	años de escolaridad	Schuljahre	années de scolarité	schooljaren
antigamente	in the past	antiguamente	früher	autrefois	vroeger
antiquado	old-fashioned	anticuado	altmodisch	vieux jeu / démodé	ouderwets
anúncio (o)	announcement	anuncio	Ankündigung	annonce / publicité	reclame
ao pé de	near / by	junto a	nahe / bei	(au)près de	dichtbij
apaixonado	in love	enamorado	verliebt sein	amoureux / passionné	verliefd
apanhar	to catch	coger	fangen	ramasser / attraper	nemen/oprapen
apelido (o)	surname	apellido	Nachname / Familienname	nom de famille	achternaam
aprender	to learn	aprender	lernen	apprendre	leren
aquele / aquela	that	aquel / aquella	dies / diese / dieses	ce / celle	dat / die
aqui	here	aquí	hier	ici	hier
árabe	Arab / Arabic	árabe	arabisch / Araber	arabe	arabier / arabisch
área (a)	area	área	Gebiet / Areal	superficie	gebied
arquipélago (o)	archipelago	archipiélago	Archipel	archipel	archipel
arrepiado	goose-pimply	con piel de gallina	Gänsehaut haben	chair de poule / frissonné	kippevel hebben
arrepio (o)	shiver	escalofrío	Zittern	frisson	huiveren
arroz (o)	rice	arroz	Reis	riz	rijst
árvore (a)	tree	árbol	Baum	arbre	boom
às vezes	sometimes	a veces	manchmal	parfois	soms
aspecto (o)	appearance	aspecto	Aussehen	aspect	uiterlijk
assado	roast	asado	geröstet	rôti	braden
assim	thus / so / hence	así	deshalb	ainsi	zo
aterrar	to land	aterrizar	landen	atterrir	landen
atletismo (o)	athletics	atletismo	Athletik	athlétisme	atletiek
atrás de	behind / back	detrás	hinter	derrière	achter
atravessar	to cross	atravesar	überqueren	traverser	oversteken
audaz	daring	audaz / atrevido	kühn	audacieux	gedurfd
aula	class	clase	Klasse	cours	les
autocarro (o)	bus	autobús	Bus	car / bus	bus
auxiliar	assistant	auxiliar	Assistant	auxiliaire	helper
aventureiro (o)	adventurous	aventurero	abenteuerlustig	aventurier	avontuurlijk
avestruz (a)	ostrich	avestruz	Strauß	autruche	struisvogel
avião (o)	plane	avión	Flugzeug	avion	vliegtuig
avó (a)	grandmother	abuela	Großmutter	grand-mère	oma / grootmoeder
azar (o)	bad luck	mala suerte	Pech	malchance	pech
azeite (o)	olive oil	aceite	Olivenöl	huile d'olive	olijfolie
azul	blue	azul	blau	bleu	blauw
azulejo (o)	tile	azulejo	Kachel	azulejo	tegel
bacalhau (o)	cod	bacalao	Kabeljau	morue	kabeljauw
bagagem (a)	luggage	equipaje	Gepäck	bagage	bagage
baía (a)	bay	bahía	Bucht	baie	baai
baile (o)	ball	baile	Ball	bal	bal
bairro (o)	neighbourhood	barrio	Nachbarschaft	quartier	buurt
baixo	short / small / low	bajo	kurz / klein / niedrig	bas / petit	kort / klein / laag
banal	banale	banal	banal	banale	banaal
bandeira (a)	flag	bandera	Fahne	drapeau	vlag
baralho (o)	pack of cards	baraja	Kartenspiel	jeu de cartes	kaartenspel
barato	cheap	barato	billig	bon marché	goedkoop

PORTUGUÊS	ENGLISH	ESPAÑOL	DEUTSCH	FRANÇAIS	NEDERLANDS
barbear-se	to shave	afeitarse	rasieren	se raser	zich scheren
barco (o)	boat / ship	barco	Boot / Schiff	bateau	schip
barraca (a)	stall	puesto	Kiosk	baraque	kraam
barril (o)	barrel	barril	Fass	tonneau	vat
barulhento	noisy	ruidoso	laut / geräuschvoll	bruyant	luidruchtig
barulho (o)	noise	ruido	Lärm	bruit / raffut	geluid
basquetebol (o)	basketball	baloncesto	Basketball	basket-ball	basketbal
bastante	enough / sufficient	bastante	genug	beaucoup / assez	genoeg
batata (a)	potato	patata	Kartoffel	pomme de terre	aardappel
batatas fritas (as)	chips	patatas fritas	Pommes Frites	frites	frietjes
beber	to drink	beber	trinken	boire	drinken
bebida (a)	drink	bebida	Getränk	boisson	drank
belga	Belgian	belga	belgisch / Belgier	belge	belg
Bélgica (a)	Belgium	Bélgica	Belgien	Belgique	België
bem-estar (o)	well-being	bienestar	Zufriedensein	bien-être	welzijn
berrar	to scream	gritar	schreien	crier	roepen
bicicleta (a)	bicycle	bicicleta	Fahrrad	vélo / bicyclette	fiets
bife (o)	steak	filete	Steak	bifteck	biefstuk
bilhar (o)	billiards	billar	Billard	billard	biljart
bilhete (o)	ticket	billete	Fahrkarte / Flugticket	billet	biljet
blusa (a)	blouse / shirt	blusa	Bluse / Hemd	chemisier	blouse / hemd
bola (a)	ball	pelota / bola	Ball	balle/ballon	bal
bolo (o)	cake	bollo, dulce	Kuchen	gâteau	taart
bolo de anos (o)	birthday cake	tarta de cumpleaños	Geburtstagstorte	gâteau d'anniversaire	verjaardagstaart
bom / boa	good	bueno	gut	bon/bonne	goed
bombeiro (o)	fireman	bombero	Feuerwehrmann	pompier	brandweerman
boné (o)	cap	gorra	Mütze	casquette	muts
boneca (a)	doll	muñeca	Puppe	poupée	pop
bonito	beautiful	bonito	schön	beau	mooi
borbulha (a)	pimple	grano	Pickel	bouton	pukkel
bota (a)	boot	bota	Boot	bottine/botte	laars
braço (o)	arm	brazo	Arm	bras	arm
branco	white	blanco	weiß	blanc	wit
Brasil (o)	Brazil	Brasil	Brasilien	Brésil	Brazilië
brasileiro	Brasilian	brasileño	brasilianisch / Brasilianer	brésilien	brasiliaan
brilhar	to shine	brillar	scheinen	briller	schijnen
brincalhão	playful	juguetón	verspielt	blagueur	speels
brincar	to joke	bromear	scherzen	plaisanter	schertsen
brinquedo (o)	toy	juguete	Spielzeug	jouet	speelgoed
Bruxelas	Brussels	Bruselas	Brüsssel	Bruxelles	Brussel
bruxo	wizard / socerer	brujo	Zauberer	sorcier	magiër
cá	**here**	**aqui**	**hier**	**ici**	**hier**
cabeça (a)	head	cabeza	Kopf	tête	hoofd
cabeleireiro (o)	hairdresser's	peluquería	Frisör	coiffeur	kapper
Cabo Verde	Cape Verde	Cabo Verde	Kap Verde	Cap Vert	Kaap-Verdië
cabo-verdiano	Cape Verdean	nativo de Cabo Verde	kapverdisch / Kapverder	cap-verdien	Kaapverdiër
cachecol (o)	scarf	bufanda / pañuelo /echarpe	Schal	écharpe	sjaal
cada	each / every	cada	jeder / jede / jedes	chaque	elke / ieder
cadeira (a)	chair	silla	Stuhl	chaise	stoel
café (o)	coffee / café	café	Kaffee / Café	café	koffie / café
cágado (o)	turtle	tortuga	Schildkröte	tortue	schildpad
caju (o)	cashew nut	anacardo	Cashewnuss	noix de cajou	cashewnoot
calçar	to put on	calzar / calzarse	anziehen	chausser / enfiler	schoenen aandoen
calças (as)	trousers	pantalones	Hose	pantalon	broek
calções (os)	shorts	pantalones cortos	kurze Hose / Shorts	short	korte broek
caldeirada (a)	fish stew	caldereta de pescado	Fischsuppe	bouillabaisse	vissesoep
calhar	to happen / suit	suceder / convenir	passen	arriver / se plaire	goed-slecht vallen
calor (o)	heat	calor	Hitze	chaleur	heet

PORTUGUÊS	ENGLISH	ESPAÑOL	DEUTSCH	FRANÇAIS	NEDERLANDS
cama (a)	bed	cama	Bett	lit	bed
camarão (o)	shrimp / prawn	camarón	Krabbe	crevette	garnaal
caminho (o)	way / path	camino	Weg	chemin	weg / pad
camioneta (a)	coach	furgoneta / camioneta	Reisebus	camionnette / car	trainer
camisa (a)	shirt	camisa	Hemd	chemise	hemd
camisola (a)	sweater	suéter	Pullover / Pulli	pull	trui
campeonato (o)	championship	campeonato	Meisterschaft	championnat	kampioenschap
canal (o)	channel	canal	Kanal	canal / chaîne	kanaal / zender
cancro (o)	cancer	cáncer	Krebs	cancer	kanker
canoagem (a)	canoeing	piraguismo	Kanufahren	canoë	kanoën
cantor (o)	singer	cantante	Sänger	chanteur	zanger
capachinho (o)	submission	sumiso	Unterwerfung	soumis	onderdanig
cara (a)	face	cara	Gesicht	visage	gezicht
caracol (o)	snail	caracol	Schnecke	escargot	slak
carapaça (a)	shell	caparazón	Muschel	coquille/écaille	schelp / schaal
carga (a)	charge	carga	Schützling	charge	lading
carnaval (o)	carnival	carnaval	Karneval	carnaval	carnaval
caro	expensive	caro	teuer	cher	duur
carril (o)	rail	raíl	Schienen	rail	rail / treinvervoer
carta (a)	letter	carta	Brief	lettre / carte	brief
cartaz (o)	poster	póster / cartel	Poster	affiche	poster
cartomante	cartomancer	cartomántica	kartenlegen	cartomancienne	kaartlegster
casa (a)	house / home	casa	Haus / Zuhause	maison	huis
casa de banho (a)	bathroom	cuarto de baño	Badezimmer	salle de bain	badkamer
casaco (o)	coat / jacket	chaqueta	Mantel / Jacke	manteau	jas
casamento (o)	wedding	boda	Hochzeit	mariage	bruiloft
casar	to marry	casarse	heiraten	se marier	trouwen
castanha (a)	chestnut	castaña	Kastanie	châtaigne	kastanje
castanho	brown	marrón / castaño	braun	marron / châtain	bruin
castelo (o)	castle	castillo	Burg	château	kasteel
católico (o)	catholic	católico	Katholik	catholique	katholiek
cavalo (o)	horse	caballo	Pferd	cheval	paard
cebola (a)	onion	cebolla	Zwiebel	oignon	ui
cedo	early	pronto	früh	tôt / vite	vroeg
celebração (a)	celebration	celebración	Feier	célébration	vieren
cenoura (a)	carrot	zanahoria	Karotte	carotte	wortel
centenário (o)	centenary	centenario	Jahrhundert	centenaire	honderdjarig
cereal (o)	cereal	cereal	Cerealien / Getreideflocken	céréale	graansoort
cereja (a)	cherry	cereza	Kirsche	cerise	kers
certo	right	cierto	richtig	juste / sûr / certain	recht, waar
cerveja (a)	beer	cerveza	Bier	bière	bier
chamar	to call / to phone	llamar	rufen / anrufen	appeler / sonner	roepen / bellen
chamar-se	to be called	llamarse	heißen	s'appeler	heten
chapéu-de-chuva (o)	umbrella	paraguas	(Regen)schirm	parapluie	paraplu
chávena (a)	cup	taza	Becher	tasse	kop
chegar	to arrive	llegar	ankommen	arriver / venir	aankomen
cheio	full	lleno	voll	plein	vol
cheiro	smell	olor	Geruch	odeur	reuk
chinês	Chinese	chino	chinesisch / Chinese	chinois	chinees
chouriço (o)	sausage	chorizo	Wurst	chorizo	worst
cidadão (o)	citizen	ciudadano	Bürger	citoyen	burger
cidade (a)	city	ciudad	Stadt	ville	stad
cinema (o)	cinema	cine	Kino	cinéma	bioscoop
cinto (o)	belt	cinturón	Gürtel	ceinture	riem
cinzento	grey	gris	grau	gris	grijs
circo (o)	circus	circo	Circus	cirque	circus
Claro que sim!	Of course!	Claro que sí!	Selbstverständlich!	Bien sûr!	Natuurlijk!
coelho (o)	rabbit	conejo	Kaninchen	lapin	konijn
coisa (a)	thing	cosa	Ding / Sache	chose	ding
coitado/a	poor thing	pobrecito	armes Ding	pauvre	ocharme

VOCABULÁRIO

PORTUGUÊS	ENGLISH	ESPAÑOL	DEUTSCH	FRANÇAIS	NEDERLANDS
cola	tail	cola	Schwanz	colle	lijm
colecção (a)	collection	colección	Sammlung	collection	collectie
coleccionar	to collect	colleccionar	sammeln	collectionner	verzamelen
colher (a)	spoon	cuchara	Löffel	cuillère	lepel
colocar	to place	colocar	plazieren	placer	plaatsen
comboio (o)	train	tren	Zug / Bahn	train	trein
começar	to begin	empezar	anfangen	commencer	beginnen
começar a	to start to do	empezar a / comenzar a	anfangen	commencer à	beginnen
comédia	comedy	comedia	Komödie	comédie	komedie
comer	to eat	comer	essen	manger	eten
comida (a)	food	comida	Essen	nourriture / repas	eten
comigo	with me	conmigo	mit mir	avec moi	met mij
como	how / as / like	como	wie	comme	hoe / als
competente	competant	competente	kompetent	compétent	bevoegd
comprar	to buy	comprar	kaufen	acheter	kopen
compras (as)	shopping	compras	Einkauf	achats	koop
compreensivo	comprehensive	comprensivo	vollständig	compréhensif	begrijpend
comprido	long	largo	lang	long	lang
concerto (o)	concert	concierto	Konzert	concert	concert
condutor (o)	driver	conductor	Fahrer	conducteur	bestuurder
confortável	comfortable	cómodo / confortable	bequem / komfortabel	confortable	gemakkelijk
confraternização	fraternity	confraternización	Bruderschaft	fraternisation	fraternisatie
conhecer	to meet	conocer	treffen	connaître	ontmoeten
connosco	with us	con nosotros	mit uns	avec nous	met ons
conseguir	to get / to be able to	conseguir	können / bekommen	obtenir	krijgen / worden
conselheira	advisor	consejera	Ratgeber	conseillère	raadgeefster
consigo	with you (formal- sing.)	con usted	mit Ihnen	avec lui / avec vous	met u
constipado (estar)	to have a cold	resfriado / constipado	erkältet sein	(être) enrhumé	verkouden (zijn)
construir	to build	construir	bauen	construire	bouwen
consulta (a)	appointment	consulta	Termin	consultation	afspraak
conta (a)	bill / account	cuenta	Rechnung / Konto	addition / compte	rekening
contente	happy	contento	zufrieden	content	gelukkig
contigo	with you	contigo	mit dir	avec toi	met jouw
conversar	to talk	hablar / conversar	reden	discuter / parler	praten
convidado (o)	guest	invitado	Gast	invité	gast
convidar	to invite	invitar	einladen	inviter	uitnodigen
convite (o)	invitation	invitación	Einladung	invitation	uitnodiging
convivência (a)	friendship	convivencia	Freundschaft	convivialité	vriendschap
cor (a)	colour	color	Farbe	couleur	kleur
cor-de-laranja	orange	naranja	orange	orange	oranje
cor-de-rosa	pink	rosa	rosa	rose	roze
corpo (o)	body	cuerpo	Körper	corps	lichaam
correio electrónico (o)	e-mail	correo electrónico	E-Mail	courrier électronique	e-mail
correr	to run	correr	laufen / rennen	courir	rennen
corrigir	to correct	corregir	korrigieren / verbessern	corriger	verbeteren
cortês	polite	educado / cortés	höflich	courtois	beleefd
corvo (o)	crow	corneja/grajo	Krähe	corbeau	kraai
costumar a	to be used to	estar acostumbrado a	gewöhnt sein an	avoir l'habitude de	gewend zijn aan
costureiro (o)	dressmaker	sastre	Schneider	couturier	klerenmaker
couve (a)	cabbage	col / repollo	Kohl	chou	kool
cozinha (a)	kitchen	cocina	Küche	cuisine	keuken
cozinhar	to cook	cocinar	kochen	cuisiner	koken
cozinheiro (o)	cook	cocinero	Koch	cuisinier	kok
crescido	big	grande	groß	grand	groot
criança (a)	child	niño	Kind	enfant	kind
criminoso (o)	criminal	criminal	Kriminelle	criminel	crimineel
cristão (o)	Christian	cristiano	Christ	chrétien	christen
croquete (o)	croquette	croqueta	Krokette	croquette	kroket

PORTUGUÊS	ENGLISH	ESPAÑOL	DEUTSCH	FRANÇAIS	NEDERLANDS
cruzamento (o)	crossroad	cruce	Kreuzung	croisement / carrefour	kruispunt
culto (o)	cult	culto	Kult	culte	cultus
cumpridor	responsible	responsible	verantwortlich	responsable	verantwoordelijk
curso (o)	course	curso	Kurs	cours	cursus
curvar	to turn	torcer	wenden	courber / plier	keren
dar	**to give**	**dar**	**geben**	**donner**	**geven**
data (a)	date	fecha	Datum	date	datum
de	of / from / by / off	de	von / ab	de	van
debaixo de	under	debajo de	unter	dessous	onder
deitar-se	to lay down	echarse / tumbarse	sich hinlegen	s'allonger / se coucher	neerleggen
deixar	to let / to leave	dejar	lassen / verlassen	laisser	laten / verlaten
dente (o)	tooth	diente	Zahn	dent	tand
dentista (o)	dentist	dentista	Zahnarzt	dentiste	tandarts
dentro de	in / inside	dentro de	in / innen	dedans / à l'intérieur	in / binnen
depois / depois de	after	después / después de	nach / nachdem	après	na
depressa	quickly	deprisa / rápidamente		schnell	vitesnel
descer	to go down	bajar	fallen	descendre	naar beneden gaan
descoberta (a)	discovery	descubrimiento	Entdeckung	découverte	ontdekking
descobrir	to discover	descubrir	entdecken	découvrir	ontdekken
desculpa (a)	excuse	disculpa / excusa	Entschuldigung / Ausrede	excuse	excuus / verontschuldiging
desculpe	sorry	perdón	es tut mir leid	excusez-moi	pardon
desde	since / from	desde	seit / ab	depuis	sinds / vanaf
desejar	to wish	desear	wünschen	désirer / souhaiter	wensen
desembaraçado	uninhibited	libre / sin estorbo	ungehemmt	franc	ongedwongen
desempregado	unemployed	desempleado	arbeitslos	chômeur	werkloosheid
desempregado (o)	unemployed	desempleado	Arbeitslose	chômeur	werkloos
desenho animado (o)	cartoon	dibujo(s) animado(s)	Comic	dessins animés	strip / tekenfilm
desfilar	to parade	desfilar	flanieren / schreiten	défiler	defileren
desmazelado	untidy	desordenado	unordentlich	en désordre	slordig
despertador (o)	alarm clock	despertador	Wecker	réveil	wekker
despir-se	to undress	desnudarse	ausziehen	se déshabiller	zich uitkleden
desportivo	sporting	deportivo	sportlich	sportif	sportief
desporto (o)	sport	deporte	Sport	sport	sport
destemido	fearless	audaz / atrevido	furchtlos	intrépide	onbevreesd
detestar	hate / dislike	odiar / detestar	hassen / nicht mögen	détester	haten / niet mogen
detrás (por)	behind	detrás	hinter	derrière	achter
devagar	slowly	lentamente	langsam	lentement	traag
dever	must / to have to	deber	müssen	devoir	moeten
devido a	due to	debido a	wegen	dû à	wegens
dezasseis	sixteen	dieciséis	sechzehn	seize	zestien
Dezembro	December	Diciembre	Dezember	décembre	december
dia (o)	day	día	Tag	jour	dag
diário (o)	daily / diary	diario	täglich / Tagebuch / Kalender	quotidien / journal	dagelijks / dagboek
diferença (a)	difference	diferencia	Unterschied	différence	verschil
diferente	different	diferente	verschieden	différent	verschillend
difícil	difficult	difícil	schwer / schwierig	difficile	moeilijk
dinheiro (o)	money	dinero	Geld	argent	geld
direita, à	right / on the right	derecha	rechts	droite, à	rechts
disciplina	subject / field	disciplina	Forschungsdisziplin	discipline	discipline
divertido	funny	divertido	lustig	drôle	grappig
divertir	to entertain	divertir	unterhalten	amuser	vermaken
doença (a)	illness	enfermedad	Krankheit	maladie	ziekte
doente	sick / ill	enfermo	krank	malade	ziek
doente (o)	patient	paciente / enfermo	Patient	malade	patiënt
dona de casa (a)	housewife	ama de casa	Hausfrau	ménagère	huisvrouw
dor (a)	pain	dolor	Schmerz	douleur	pijn
dor de cabeça (a)	headache	dolor de cabeza	Kopfschmerzen	mal de tête	hoofdpijn
dormir	to sleep	dormir	schlafen	dormir	slapen
durante	for / during	durante	während	pendant	gedurende

PORTUGUÊS	ENGLISH	ESPAÑOL	DEUTSCH	FRANÇAIS	NEDERLANDS
duro	hard / tough	duro	hart / zäh	dur	hard / taai
egípcio	Egyptian	egipcio	ägyptisch / Ägypter	égyptien	egyptisch
Egipto (o)	Egypt	Egipto	Ägypten	Egypte	Egypte
egoísta	selfish	egoísta	egoistisch	égoïste	egoïstisch
ele(s) / ela(s)	he / she / they	él / ella / ellos / ellas	er / sie / sie	il(s) / elle(s)	hij / zij / zij
eléctrico (o)	tram	tranvía	Strraßenbahn	tram	tram
elegante	smart / elegant	elegante	schick / elegant	élégant	elegant
elevado	high	elevado	hoch	élevé	hoog
em	in / at / on / inside	en	in / an / auf / in	dans	in / binnen / bij
embaraçado	embarrassed	avergonzado / incómodo	verlegen	gêné	verlegen
embarque (o)	boarding	embarque	Boarding	embarquement	instappen
embora	now / although	aunque	obwohl	bien que	alhoewel
ementa (a)	menu	menú	Speisekarte / Menü	menu	menu
emprestar	to borrow / to lend	prestar	leihen	prêter	lenen
encerrar	to close	cerrar	schließen	fermer	sluiten
encontrar	to find	encontrar	finden	trouver	vinden
enfarte	heart attack	ataque cardíaco	Herzinfarkt	infarctus	hartaanval
enfermeira (a)	nurse	enfermera	Krankenschwester	infirmière	verpleegster
enfim	finally	finalmente	endlich / schließlich	enfin	eindelijk
enfrentar	to face	enfrentarse a	ins Auge sehen / konfrontieren	affronter	confronteren
enorme	huge	enorme	riesig	énorme	kolossaal
entanto, no	nevertheless	no obstante	nichtsdestotrotz	cependant	echter
então	so / then	entonces	so / dann	alors	zo / dan
entre	between / among	entre	zwischen / dazwischen	entre / parmi	tussen
entretanto	meanwhile	entretanto	unterdessen	entre-temps / cependant	ondertussen
época (a)	time / period	época	Zeit / Epoche	époque	tijd / periode
equitação (a)	riding (horse)	equitación	reiten	équitation	paardrijden
escola (a)	school	colegio / escuela	Schule	école	school
escola primária (a)	primary school	colegio de primaria	Grundschule	école primaire	basisschool
escolher	to choose	escoger	wählen	choisir	kiezen
escrever	to write	escribir	schreiben	écrire	schrijven
escuro	dark	oscuro	dunkel	sombre / foncé	donker
esgotado	sold out	agotado	ausverkauft	épuisé	uitverkocht
esmola (a)	charity	limosna	Barmherzigkeit	aumône	aalmoes
espaçoso	spacious	espacioso	geräumig	spacieux	ruim
espalhado	dispersed	dispersado	vertrieben	éparpillé / répandu	verstrooid / verspreid
Espanha (a)	Spain	España	Spanien	Espagne	Spanje
espectador (o)	viewer / spectator	espectador	Zuschauer	spectateur	toeschouwer
esperar	to hope / wait for	esperar	hoffen / warten auf	attendre	hopen / wachten
esquecer	to forget	olvidar	vergessen	oublier	vergeten
esquerda, à	left / on the left	izquierda	links	gauche, à	links
esquiar	to ski	esquiar	Ski laufen	skier	skiën
esse / essa	that	ese / esa	dieser / diese / dieses	ce, cette	dat / die
estação (a)	station	estación	Bahnhof	gare	station
estalagem (a)	inn	hostería	Gasthaus	hôtel	gasthuis
estar a	to be	estar	gerade etwas tun	être à	zijn
este / esta	this	este / esta	dieses / das	ce / cette / celui-ci / celle-ci	dit
estimação	guess	estimación	Tipp	estimation	schatting
estrangeiro (o)	foreign / foreigner	extranjero	ausländisch / Ausländer	étranger	buitenlander
estratégia	strategy	estrategia	Strategie	stratégie	strategie
estudante (o)	student	estudiante	Student	étudiant	student
eu	I	yo	ich	je	Ik
europeu	European	europeo	europäisch	européen	europeaan
exame (o)	exam / examination	exam	Prüfung / Examen	examen	examen
excepto	except	excepto	außer	excepté	behalve

PORTUGUÊS	ENGLISH	ESPAÑOL	DEUTSCH	FRANÇAIS	NEDERLANDS
excursão (a)	excursion	excursión	Ausflug / Exkursion	excursion	excursie
existe / existem	there is / are	existe / existen	es gibt	il y a	er is / er zijn
Exmo. / a. (abr.)	Dear Sir / Madam	Estimado señor / a señora	Sehr geehrter Herr / Sehr geehrte Dame	Cher Monsieur / Chère Madame	geachte
expedição (a)	expedition	expedición	Expedition	expédition	expeditie
experimentar	to try on / to taste	experimentar / probar	anprobieren / versuchen / probieren	essayer / goûter	aanproberen / proeven
explorador (o)	explorer	explorador	Entdecker	explorateur	ontdekker
exprimir	to express	expresar	ausdrücken	exprimer	uitdrukken
extraordinário	extraordinary	extraordinario	außergewöhnlich	extraordinaire	buitengewoon
faca (a)	knife	navaja	Messer	couteau	mes
fachada (a)	façade / house front	fachada	Fassade	façade	façade
fácil	easy	fácil	leicht	facile	gemakkelijk
falar	to speak	hablar	sprechen	parler	praten / spreken
falar com	to talk to	hablar con	sprechen mit	parler à	praten met
falso	false	falso	falsch	faux	vals
família (a)	family	familia	Familie	famille	familie
fatia (a)	slice	rebanada	Scheibe	tranche	schijf
fato (o)	suit	traje	Anzug	costume	pak
fato-de-banho (o)	swimming suit	traje de baño	Badeanzug	maillot de bain	badpak
fato-de-treino (o)	track suit	chándal	Trainingsanzug	survêtement	trainingspak
fazer	to do / to make	hacer	machen / tun	faire / mettre / rendre	doen/maken
febre (a)	fever	fiebre	Fieber	fièvre	koorts
feijoada (a)	meat, rice and beans	guiso de judías, arroz y carne	Bohneneintopf	plat de haricots	vlees, rijst en bonen
feiticeira	spell master	hechizera	Zauberer	sorcière	heks
feliz	happy	feliz	glücklich	heureux	gelukkig
felizmente	fortunately	afortunadamente	glücklicherweise / zum Glück	heureusement	gelukkig
feminino (o)	feminine	femenino	feminin / weiblich	féminin	vrouwelijk
feriado (o)	bank holiday	fiesta	Feiertag	férié	vrije dag
férias (as)	holidays	vacaciones	Ferien	vacances	vakantie
ferroviária	railway	ferrocaril	Eisenbahn	chemin de fer	spoorweg
festa (a)	party	fiesta	Fest / Party / Fete	fête	feest
Fevereiro	February	febrero	Februar	février	februari
fiambre (o)	ham	jamón	Schinken	jambon	ham
ficar	to stay / to remain / to be	quedarse	bleiben / zurückbleiben / sein	rester	blijven / zijn
fila (a)	queue	cola	Schlange	file / queue	rij
filho (o)	son	hijo	Sohn	fils	zoon
fim (o)	end	fin	Ende	fin	einde
fim-de-semana (o)	weekend	fin de semana	Wochenende	week-end	weekeinde
finlandês	Finn / Finnish	finlandés	Finne / finnisch	finlandais	finse / fins
físico	physical	físico	körperlich	physique	lichamelijk
flamengo	Flemish / Flemish	flamenco	Flämisch	flamand	Vlaams
flor (a)	flower	flor	Blume	fleur	bloem
floresta (a)	forest	bosque	Wald	forêt	woud
fogueira (a)	bonfire	hoguera	(Freuden)feuer	feu	vreugdevuur
folhado (o)	dough	masa	Teig	feuilleté	deeg
formiga (a)	ant	hormiga	Ameise	fourmi	mier
forte	strong	fuerte	stark	fort	sterk
fóssil (o)	fossil	fósil	Fossil	fossile	fossiel
fotografia (a)	photograph	fotografía	Foto	photographie	foto
fotógrafo (o)	photographer	fotógrafo	Fotograf	photographe	fotograaf
fraco	weak	débil	schwach	faible	zwak
França (a)	France	Francia	Frankreich	France	Frankrijk
francês	French	francés	französisch / Franzose	français	frans
frango (o)	chicken	pollo	Hähnchen	poulet	kip
frente / em frente de	front / in front of	frente a / delante de	vorn / vor	devant	voor
fresco	fresh / cool	fresco	frisch / kühl	frais	fris / koel

VOCABULÁRIO

PORTUGUÊS	ENGLISH	ESPAÑOL	DEUTSCH	FRANÇAIS	NEDERLANDS
frigideira (a)	frying pan	sartén	Bratpfanne	poêle	braadpan
frio	cold	frío	kalt	froid	koud
fruta (a)	fruit	fruta	Obst / Frucht	fruit	fruit
fugir	to escape	escapar / huír	fliehen	fuir	ontsnappen
futebol (o)	football	fútbol	Fußball	football	voetbal
futuro (o)	future	futuro	Zukunft	futur / avenir	toekomst
galão (o)	white coffee	café con leche	Milchkaffee	café au lait	koffie met melk
garfo (o)	fork	tenedor	Gabel	fourchette	vork
garganta (a)	throat	garganta	Hals	gorge	keel
garrafa (a)	bottle	botella	Flasche	bouteille	fles
gastar	to spend	gastar	ausgeben	dépenser	uitgeven
gaveta (a)	drawer	cajón	Schublade	tiroir	lade
gelataria (a)	ice cream parlour	heladería	Eiscafé	glacier	ijssalon
gelo (o)	ice	hielo	Eis	glace	ijs
gente (a)	people	gente	Leute	gens	mensen
geralmente	usually	generalmente	gewöhnlich / normalerweise	généralement	gewoonlijk
ginásio (o)	gymnasium	gimnasio	Turnhalle	gymnase	gymnastiekzaal
golfe (o)	golf	golf	Golf	golf	golf
gostar de	to like	gustar	mögen	aimer	mogen
gostosa	tasty	sabroso	lecker	délicieuse	lekker
governo (o)	government	gobierno	Regierung	gouvernement	regering
grande	big	grande	groß	grand	groot
gravata (a)	tie	corbata	Krawatte	cravate	stropdas
grávida	pregnant	embarazada	schwanger	enceinte	zwanger
gravidez (a)	pregnancy	embarazo	Schwangerschaft	grossesse	zwangerschap
Grécia (a)	Greece	Grecia	Griechenland	Grèce	Griekenland
grego	Greek	griego	griechisch / Grieche	grec	griek
guerra (a)	war	guerra	Krieg	guerre	oorlog
Guiné-Bissau (a)	Guinea-Bissau	Guinea-Bissau	Guinea-Bissau	Guinée-Bissau	Guinea-Bissau
guineense	Guinean	guineano	guineisch / Guineer	guinéen	guinees
guloso	gluttonous	goloso	gefräbig	gourmand	gulzig
há	there is / are	hay	es gibt	il y a	er is / er zijn
habituado a	used to doing something	acostumbrado a	gewohnt sein / gewöhnt sein	habitué à	gewend zijn aan
hambúrguer (o)	hamburger	hamburguesa	Frikadelle / Hamburger	hamburger	hamburger
hipóteses (as)	hypothesis	hipótesis	Hypothese	hypothèse	hypothese / veronderstelling
história (a)	story / history	historia	Geschichte	histoire	verhaal / geschiedenis
hoje	today	hoy	heute	aujourd'hui	vandaag
homem (o)	man	hombre	Mann	homme	man
hospital (o)	hospital	hospital	Krankenhaus	hôpital	ziekenhuis
hotel (o)	hotel	hotel	Hotel	hôtel	hotel
humidade (a)	humidity	humedad	Luftfeuchhtigkeit	humidité	vochtigheid
idade (a)	age	edad	Alter	âge	leeftijd
idoso	aged	anciano	gealtert	âgé	bejaard
igreja (a)	church	iglesia	Kirche	église	kerk
iguana (a)	iguana	iguana	Leguan	iguane	iguana
ilha (a)	island	isla	Insel	île	eiland
imagem (a)	image	imagen	Image	image	beeldJ
impermeável (o)	raincoat	impermeable	Regenmantel	imperméable	regenjas
importante	important	importante	wichtig	important	belangrijk
importar-se	to matter	importar	etwas ausmachen	donner de l'importance	van belang zijn
inebriante	exhilerating	intoxicante	anregend	stimulant	opwekkend
infelizmente	unfortunately	desgraciadamente	leider	malheureusement	helaas
informática (a)	computer science	informática	Informatik	informatique	informatica
Inglaterra (a)	England	Inglaterra	Engländ	Angleterre	Engeland
inglês	English	inglés	englisch / Engländer	anglais	engels
inscrever-se	to enrol	inscribirse	(sich) einschreiben	s'inscrire	zich inschrijven

PORTUGUÊS	ENGLISH	ESPAÑOL	DEUTSCH	FRANÇAIS	NEDERLANDS
insecto (o)	insect	insecto	Insekt	insecte	insekt
interessar-se	to show interest	interesarse	interessiert sein / sich interessieren	s'intéresser à	interesseren
invejoso	envious	envidioso	neidisch	envieux	afgunstig
Inverno (o)	Winter	invierno	Winter	hiver	winter
iogurte (o)	yogurt	yogur	Joghurt	yaourt	yoghurt
ir	to go	ir	gehen	aller	gaan
ir às compras	to go shopping	ir de compras	einkaufen gehen	faire des courses	winkelen
Irlanda (a)	Ireland	Irlanda	Irland	Irlande	Ierland
irlandês	Irish	irlandés	irisch / Ire	irlandais	iers
irmã (a)	sister	hermana	Schwester	sœur	zuster
irmão (o)	brother	hermano	Bruder	frère	broer
ir-se embora	to go away	marcharse, irse	weggehen	s'en aller	weggaan
italiano	Italian	italiano	italienisch / Italiener	italien	italiaan
já	*already*	*ya*	*schon*	*tout de suite*	*onmiddellijk*
janela (a)	window	ventana	Fenster	fenêtre	raam
jantar	to have dinner	cenar	zu Abendessen	dîner	dineren
jardim (o)	garden	jardín	Garten	jardin	tuin
jogar	to play	jugar	spielen	jouer	spelen
jogo (o)	game / match	partida / partido	Spiel	match / partie	spel / wedstrijd
jornal (o)	newspaper	periódico	Zeitung	journal	krant
jornalista (o)	journalist	periodista	Journalist	journaliste	journalist
jovem (o)	young man	joven	junger Mann	jeune	jongeman
judeu (o)	jew / jewish	judío	Jude / jüdisch	Juif	jood
lá	*there*	*ahí / allí*	*da / dort*	*là-bas*	*daar / er*
lã (a)	wool	lana	Wolle	laine	wol
lago (o)	lake	lago	See	lac	meer
lanche (o)	afternoon snack	merienda	Kaffee und Kuchen	goûter	vieruurtje
laranjada (a)	orangeade	naranjada	Orangeade	orangeade	orangeade
lavar-se	to wash	lavar	waschen	se laver	wassen
lebre	hare	liebre	Hase	lièvre	haas
legenda	list	leyenda	Liste	légende	legende
legume (o)	vegetable	verdura / vegetal	Gemüse	légume	groente
leite (o)	milk	leche	Milch	lait	melk
lembrar-se	to remember	acordarse de	erinnern	se souvenir	zich herinneren
lençol (o)	sheet	sábana	Laken	drap	laken
lenda (a)	legend	leyenda	Legende	légende	legende
ler	to read	leer	lesen	lire	lezen
lés a lés	from one end to the other	de una punta a otra	von Anfang bis Ende	du début à la fin	van begin tot einde
levantar-se	to get up	levantarse	aufstehen	se lever	opstaan
levar	to carry	llevar	tragen	porter	dragen
lilás	lilac	lila	lila	lilas	lila
limonada (a)	lemonade	limonada	Limonade	citronnade	limonade
limpeza (a)	cleanliness	limpieza	Sauberkeit	nettoyage / propreté	netheid
limpo	clean / clear	limpio	sauber / klar	propre	schoon / helder
língua (a)	language	lengua	Sprache	langue	taal
linha (a)	line	línea	Linie	ligne	lijn
local (o)	place / site	local	Ort / Platz	endroit	oord / plaats
localidade (a)	town	localidad	Stadt	localité	stad
loja (a)	shop	tienda	Geschäft	magasin	winkel
longe	far	lejos	weit	loin	ver
lua-de-mel (a)	honeymoon	luna de miel	Hochzeitsreise	lune de miel	huwelijksreis
lúdico	playfull	lúdico	verspielt	ludique	speels/ ludiek
lugar (o)	place	lugar	Platz	place	plaats
luva (a)	glove	guante	Handschuh	gant	handschoen
Luxemburgo (o)	Luxembourg	Luxemburgo	Luxemburg	Luxembourg	Luxembourg
macaco (o)	*monkey*	*mono*	*Affe*	*singe*	*aap*
macaense	inhabitant of Macau	habitante de Macau	Einwohner von Macao	habitant de Macao	inwoner van Macau
Madeira (a)	Madeira	Madeira	Madeira	Madère	Madeira

PORTUGUÊS	ENGLISH	ESPAÑOL	DEUTSCH	FRANÇAIS	NEDERLANDS
Madrid	Madrid	Madrid	Madrid	Madrid	Madrid
madrugada (a)	dawn	madrugada	Morgendämmerung	aube / matin	dageraad
mãe (a)	mother	madre	Mutter	mère	moeder
maior	bigger	mayor	größer	plus grand	groter
maioria (a)	majority / most	mayoría	Mehrheit	majorité	meerderheid
mais / menos	more / less	más / menos	mehr / weniger	plus / moins	meer / minder
mais ... do que	more ... than	más ... que	mehr ... als	plus ... que	meer ... dan
mal-disposto	uncomfortable	incómodo	unbequem	mal à l'aise	ongemakkelijk
mal-educado	rude	maleducado	unhöflich / unverschämt	mal élevé	onbeleefd
malta (a)	group / gang	grupo	Bande / Gang	bande	groep / bende
manhã (a)	morning	mañana	Morgen	matin	morgen
manteiga (a)	butter	mantequilla	Butter	beurre	boter
mão (a)	hand	mano	Hand	main	hand
máquina fotográfica (a)	camera	cámara fotográfica	Kamera	appareil photo	camera
mar (o)	sea	mar	Meer / See	mer	zee
marinheiro (o)	sailor	marinero	Seemann	marin	matroos
marisco (o)	shellfish	marisco	Schalentiere / Meeresfrüchte	fruits de mer	schelpdier / schaaldier
mas	but	pero / (sino)	aber	mais	maar
masculino (o)	masculine	masculino	maskulin / männlich	masculin	mannelijk
massa (a)	dough / paste	masa	Teig	pâte	deeg / pasta
matutino (o)	morning paper	matutino	Morgenzeitung	journal du matin	morgen krant
mecânico (o)	mechanic	mecánico	Mechaniker	mécanicien	monteur
médico (o)	doctor	médico	Arzt	médecin	arts
medo (o)	fear	miedo	Angst	peur	angst
medroso	frightened	miedoso	ängstlich	peureux	angstig
meia (a)	sock	media	Socke	bas	sok
meio-dia (o)	midday / noon	mediodía	Mittag	midi	middag
melão (o)	melon	melón	Melone	melon	meloen
melhor / o melhor	better / the best	mejor / el mejor	besser / am besten	meilleur / mieux	better / het best(e)
mensagem (a)	message	mensaje	Nachricht / Botschaft	message	boodschap
mensal	monthly	mensual	monatlich	mensuel	maandelijks
mercado (o)	market	mercado	Markt	marché	markt
mercearia (a)	grocer's	tienda de comestibles	Gemüsehändler	épicerie	kruidenier
mês (o)	month	mes	Monat	mois	maand
metro (o)	underground	metro	U-Bahn	metro	metro
meu / minha	my / mine	mi / mio/a	mein / meine	mon / ma	mij / mijn
mexicano	Mexican	mejicano / mexicano	mexikanisch / Mexikaner	mexicain	mexicaan
milhão (o)	million	millón	Million	million	miljoen
milho (o)	corn	millo	Mais	maïs	maïs
mim	me	me / a mí	mich / mir	moi / me	mij / me
missa (a)	mass	misa	Gottesdienst	messe	mis
moça (a)	young girl	moza	Mädchen	jeune fille	jong meisje
moçambicano	Mozambican	mozambiqueño	mosambikisch / Mosambikaner	mozambicain	mozambikaan
Moçambique	Mozambique	Mozambique	Mosambik	Mozambique	Mozambique
mochila (a)	rucksack	mochila	Rucksack	sac à dos	rugzak
moda (a)	fashion	moda	Mode	mode	mode
molho (o)	sauce	salsa	Soße	sauce	saus
monção (a)	monsoon	monzón	Monsun	mousson	moesson
moradia (a)	house	casa / vivienda	Haus	maison	huis
morar	to live	vivir	leben	habiter	wonen
moreno	dark-skinned	moreno	dunkelhäutig	bronzé / brun	bruin
morrer	to die	morir	sterben	mourir	sterven
motocicleta (a)	motorbike	moto / motocicleta	Motorrad	motocyclette	motorfiets
muito / muita	very / much / a lot of	muy / mucho	viel / sehr	beaucoup de	veel / zeer
mulher (a)	woman / wife	mujer	Frau / Ehefrau	femme	vrouw / echtgenote
mundo (o)	world	mundo	Welt	monde	wereld

PORTUGUÊS	ENGLISH	ESPAÑOL	DEUTSCH	FRANÇAIS	NEDERLANDS
museu (o)	museum	museo	Museum	musée	museum
música (a)	music	música	Musik	musique	muziek
nacionalidade (a)	nationality	nacionalidad	Nationalität	nationalité	nationaliteit
nada	nothing	nada	nichts	rien	niks
nadar	to swim	nadar	schwimmen	nager	zwemmen
namorar	to be going out with	salir con	ausgehen mit	fréquenter	uitgaan met
não	no / not	no	nein / nicht	non	nee / niet
natação (a)	swimming	natación	Schwimmen	natation	zwemmen
Natal (o)	Christmas	Navidad	Weihnachten	Noël	kerst
neerlandês / holandês	Dutch	holandés	holländisch / Holländer	néerlandais	nederlander / hollander
nem... nem	neither... nor	ni ... ni	weder ... noch	ni...ni...	niet ... noch
neve (a)	snow	nieve	Schnee	neige	sneeuw
nevoeiro (o)	fog	niebla	Nebel	brouillard	mist
ninguém	nobody / no one	nadie	niemand	personne	niemand
noite (a)	night	noche	Nacht	nuit	nacht
noiva (a)	bride	novia	Braut	fiancée	bruid
noivo (o)	bridegroom	novio	Bräutigam	fiancé	bruidegom
nono	ninth	noveno	neunte	neuvième	negende
nórdico	Nordic	nórdico	nordisch	nordique	scandinavisch
normal	normal	normal	normal	normal	normaal
norte-americano (o)	North American	norteamericano	nordamerikanisch / Nordamerikaner	nord-américain	Noord-Amerikaan
nós	we	nosotros	wir	nous	wij
nosso / nossa	our, ours	nuestro (a)	unser / unseres	notre	ons / onze
notícia (a)	news	noticia	Nachrichten	nouvelle	nieuws
noticiário (o)	news	noticias	Nachrichten	journal	nieuws
novo	new / young	nuevo / joven	neu / jung	jeune / nouveau	nieuw / jong
nublado	cloudy	nublado	bewölkt	nuageux	bewolkt
nunca	never	nunca	nie(mals)	jamais	nooit
obrigado / a	thank you	gracias	danke schön	merci	dank u / dank je
obrigar	to compel	obligar	verpflichten / zwingen	obliger	verplichten
óculos (os)	glasses	gafas	Brille	lunettes	bril
olá	hello	hola	Hallo	salut	hallo
óleo (o)	oil	aceite	Öl	huile	olie
onde / de onde	where / where from	donde / de donde	wo / woher	où	waar / waar van
ontem	yesterday	ayer	gestern	hier	gisteren
onze	eleven	once	elf	onze	elf
operário (o)	worker	trabajador	Arbeiter	ouvrier	arbeider
opinião (a)	opinion	opinión	Meinung	opinion	mening
óptimo	great	excelente	toll	super	prachtig
origem (a)	origin	origen	Herkunft	origine	herkomst
ouriço (o)	hedgehog	erizo	Igel	hérisson	egel
outra vez	again	otra vez	wieder	encore une fois	nog eens
outro / outra	another	otro / otra	andere / anderes	autre	andere
ouvir	to hear / to listen to	oír	hören / zuhören	entendre / écouter	horen / luisteren naar
ovo (o)	egg	huevo	Ei	œuf	ei
ovo estrelado (o)	fried egg	huevo frito	Spiegelei	œuf sur le plat	spiegelei
pacote (o)	packet	paquete	Paket	paquet	pakket
padaria (a)	bakery	panadería	Bäckerei	boulangerie	bakkerij
padrão (o)	landmark	hito	Wahrzeichen	norme	bekend punt / oriëntatiepunt
padrasto (o)	step-father	padrasto	Stiefvater	beau-père	stiefvader
pagar	to pay	pagar	bezahlen	payer	betalen
página (a)	page	página	Seite	page	pagina
pago	payed	pagado	Bezahlung	payé	betaald
pai (o)	father	padre	Vater	père	vader
país (o)	country	país	Land	pays	land
palácio (o)	palace	palacio	Palast	palais	paleis

VOCABULÁRIO

PORTUGUÊS	ENGLISH	ESPAÑOL	DEUTSCH	FRANÇAIS	NEDERLANDS
palhaço (o)	clown	payaso	Clown / unten	clown	clown
pantufa (a)	slipper	zapatilla	Hausschuh / Slipper	pantoufle	pantoffel
pão (o)	bread	pan	Brot	pain	brood
papagaio (o)	parrot	loro / papagayo	Papagei	perroquet	papegaai
paquerar	to flirt	coquetear	flirten	draguer	flirten
para	to / for / at	para	zu / für / an	pour	naar / voor / aan
pára-quedismo (o)	parachuting	paracaidismo	Fallschirmspringen	parachutisme	parachutespringen
parecer	to seem	parecer	scheinen	ressembler	lijken op
parênteses	brackets	paréntesis	Klammern	parenthèse	haakje
parque (o)	park	parque	Park	parc	park
Páscoa (a)	Easter	Semana Santa	Ostern	Pâques	pasen
passa (a)	raisin	pasa	Rosine	raisin sec	rozijn
passageiro (o)	passanger	pasajero	Fahrgast / Passagier	passager	passagier
passaporte (o)	passport	pasaporte	Reise(pass)	passeport	paspoort
passar	to spend	pasar	ausgeben	dépenser	uitgeven
passarela (a)	cat-walk	pasarela	Laufsteg	passerelle/podium	loopbrug
pássaro (o)	bird	pájaro	Vogel	oiseau	vogel
passatempo (o)	hobby	pasatiempo	Hobby	passe-temps / loisir	hobby
passear	to go for a walk	pasear	spazieren gehen	promener	wandelen
pastel (o)	pie	pastel	Pastete	gâteau	gebak
pastelaria (a)	cake shop	pastelería	Konditorei	pâtisserie	banketbakkerij
patinar	to skate	patinar	Rollschuh laufen	patiner	rolschaatsen
pé (o)	foot	pie	Fuß	pied	voet
pedaço (o)	bit / piece	trozo / pedazo	Stück(chen)	morceau	stuk
pedir	to ask for	pedir	bitten	commander / demander	vragen / bestellen
peixaria (a)	fishmonger's	pescadería	Fischgeschäft	poissonnerie	viswinkel
peixe (o)	fish	pescado / pez	Fisch	poisson	vis
pensão (a)	boarding house	pensión	Pension	pension	pension
pensar	to think	pensar	denken	penser	denken
pentear-se	to comb	peinar	kämmen	se coiffer	kammen
pepino (o)	cucumber	pepino	(Salat)gurke	concombre	komkommer
pequeno	small	pequeño	klein	petit	klein
pequeno-almoço (o)	breakfast	desayuno	Frühstück	petit déjeuner	ontbijt
Pequim	Beijing	Pekín	Peking	Pékin	Beijing
pêra (a)	pear	pera	Birne	poire	peer
perceber	to understand	comprender	verstehen	comprendre	begrijpen
perder	to lose / to miss	perder	verlieren / vermissen	perdre / rater	verliezen / missen
peregrino (o)	pilgrim	peregrino	Pilger	pèlerin	pelgrim
pergunta (a)	question	pregunta	Frage	question	vraag
perguntar	to ask	preguntar	fragen	demander	vragen
perigo (o)	danger	peligro	Gefahr	danger	gevaar
perigoso	dangerous	peligroso	gefährlich	dangereux	gevaarlijk
perna (a)	leg	pierna	Bein	jambe	been
perto de	near	cerca	nahe / in der Nähe	près	dichtbij
peru (o)	turkey	pavo	Truthahn	dinde	kalkoen
pesadelo (o)	nightmare	pesadilla	Alptraum	cauchemar	nachtmerrie
peso (o)	weight	peso	Gewicht	poids	gewicht
pêssego (o)	peach	melocotón	Pfirsich	pêche	perzik
pessoa (a)	person	persona	Person	personne	persoon
pilha	pile / battery	pila	Haufen / batterie	pile / tas	stapel / batterij
pincel (o)	brush	pincel	Pinsel	pinceau	penseel
pintar	to paint	pintar	malen	peindre	schilderen
pior / o pior	worse / the worst	peor / el peor	schlimmer / am schlimmsten	pire / le pire	slechtst / het slechtst
pipocas (as)	popcorn	palomitas (de maíz)	Popcorn	pop-corn	popcorn
piscina (a)	swimming-pool	piscina	Schwimmbad	piscine	zwembad
pitoresca	picturesque	pintoresco	malerisch	pittoresque	pittoresk
planear	to plan	planear	planen	planifier	plannen
plural (o)	plural	plural	Plural / Mehrzahl	pluriel	meervoud
poder	can / be able to	poder	können	pouvoir	kunnen
pois	well / then	pues	nun / also	car	omdat

PORTUGUÊS	ENGLISH	ESPAÑOL	DEUTSCH	FRANÇAIS	NEDERLANDS
poluente	polutant	poluente	Umweltgift	polluant	vervuilend
poluição (a)	pollution	contaminación	Umwelt) (verschmutzung	pollution	verontreiniging
pombo (o)	pigeon	paloma	Taube	pigeon	duif
população (a)	population	población	Bevölkerung	population	bevolking
por favor	please	por favor	bitte	s'il vous plait	alstublieft / alsjeblieft
por fim	finally	por fin	schließlich	enfin	eindelijk
pôr	to put / put on / lay	poner	setzen / stellen / legen	mettre	plaatsen / aandoen / leggen
porco (o)	pig	cerdo	Schwein	cochon	varken
porque	because	porque	weil	parce que, car	omdat
porquê	why	por qué	warum	pourquoi	waarom
portanto	therefore	así que	aus diesem Grund	donc	dus
português	Portuguese	portugués	portugiesisch / Portugiese	portugais	portugees
postal (o)	postcard	postal	Postkarte	carte postale	postkaart
pouco / pouca	little	poco (a)	wenig	peu	weinig
praia (a)	beach	playa	Strand	plage	strand
prancha (a)	board	tabla	Brett	planche	bord
prata (a)	silver	plata	Silber	argent	zilver
prato (o)	plate / course	plato	Gericht	assiette	bord /gerecht
precisar	to need	necesitar	brauchen	avoir besoin de	nodig hebben
preencher	to fill (in)	llenar	ausfüllen	remplir	vullen
preferido	favourite	preferido / favorito	Lieblings... / beliebt	préféré	favoriet
preferir	to prefer	preferir	vorziehen / lieber mögen	préférer	de voorkeur geven aan
preguiçoso	lazy	perezoso	faul	paresseux	lui
prejudicial	harmful	perjudicial	schädlich	nuisible	schadelijk
prenda (a)	gift	regalo	Geschenk	cadeau	geschenk
preocupar-se	to worry about	preocuparse	sich Sorgen über	se préoccuper de	zorgen maken om
presépio (o)	crib	nacimiento	Krippe	crèche	krib
presidiário (o)	convict	presidiario	Verurteilte	prisonnier	veroordeelde
presunto (o)	smoked ham	jamón serrano	Räucherschinken	jambon fumé	gerookte ham
pretender	to intend	pretender	vorhaben	avoir l'intention de	van plan zijn
prever	to forecast	prever	vorhersagen	prévoir	voorspellen
primeiro (1º)	first	primero	erster	premier	eerst
problema (o)	problem	problema	Problem	problème	probleem
procissão (a)	procession	procesión	Prozession	procession	processie
procurar	to look for	buscar	suchen	chercher	zoeken
profissão (a)	profession	profesión	Beruf	profession	beroep
protestante (o)	protestant	protestante	Protestant	protestant	protestant
pudim (o)	pudding	pudín	Pudding	flan	pudding
pueril	childish	pueril/infantil	kindisch	puéril	kinderachtig
qual / quais	**which**	**que / el cual, los cuales**	**welche / welcher welches**	**quel / quelle**	**welke**
quando	when	cuando	wann	quand	wanneer
quanto / a	how many / how much	cuánto/a	wieviel / wieviele	combien	hoeveel
quarenta	forty	cuarenta	vierzig	quarante	veertig
quarta-feira (a)	Wednesday	miércoles	Mittwoch	mercredi	woensdag
quarto (o)	bedroom	habitación	Schlafzimmer	chambre	slaapkamer
quase	almost	casi	fast	presque	bijna
que (de que / o que)	what / that / which	que	was / das / welche	quoi / ce que	wat / dat / welke
Que tal ... ?	What about ... ?	¿Qué tal...?	Wie wär's mit ... ?	Que penses-tu de ...?	wat denk je van ... ?
queijo (o)	cheese	queso	Käse	fromage	kaas
queixar-se	to complain	quejarse	sich beschweren	se plaindre	klagen
quem / de quem / a quem	who / whose / to whom	quién/de quién/ a quién	wer / wessen / zu wem	qui / de qui / à qui	wie / van wie / voor wie
quente	hot	caliente	heiß	chaud	warm
querer	to want / to wish	querer	wollen / wünschen	vouloir	willen

PORTUGUÊS	ENGLISH	ESPAÑOL	DEUTSCH	FRANÇAIS	NEDERLANDS
quilo (o)	kilo	kilo	Kilo	kilo	kilo
quinze	fifteen	quince	fünfzehn	quinze	vijftien
quinzena	fortnight	quincena	zwei Wochen	quinzaine	veertien dagen
rabanada (a)	*cinnamon toast*	*tostada*	*Zimttoastbrot*	*pain perdu*	*kaneel geroosterd brood*
rabo-de-cavalo (o)	horse-tail	cola de caballo	Pferdeschwanz	queue de cheval	paardestaart
rádio (o / a)	radio / radio station	radio	Radio / Radiosender	radio	radio
rapariga (a)	girl	chica	Mädchen	fille	meisje
rapaz (o)	boy	chico	Junge	garçon	jongen
rápido	fast / quick	rápido / rápidamente	schnell	rapide	snel
raposa (a)	fox	zorro	Fuchs	renard	vos
rato (o)	mouse	ratón	Maus	souris	muis
reagir	to react	reaccionar	reagieren	réagir	reageren
realizar-se	to take place	realizarse	stattfinden	se réaliser	realiseren
receita (a)	recipe	receta	Rezept	recette	recept
refeição(a)	meal	comida	Essen / Mahlzeit	repas	maaltijd
refrigerante (o)	soft drink	refresco	Limonade	boisson non alcoolisée	frisdrank
rei (o)	king	rey	König	roi	koning
rejeitar	to reject	rechazar	zurückweisen	rejeter	afwijzen / terugwerpen
religião (a)	religion	religión	Religion	religion	godsdienst
remar	to row	remar	rudern	ramer	roeien
reparar	to notice	darse cuenta	bemerken	remarquer	opmerken
reportagem (a)	report	informe	Bericht	reportage	bericht
rés-do-chão (o)	ground floor	planta baja	Erdgeschoss	rez-de-chaussée	benedenverdieping
resposta (a)	answer	respuesta	Antwort	réponse	antwoord
reunir	to bring together	reunir	zusammenbringen	réunir	samenbrengen
reunir-se	to meet	reunirse	treffen	se réunir	ontmoeten
revista (a)	magazine	revista	Magazin	revue	tijdschrift
rio (o)	river	río	Fluss	fleuve / rivière	rivier
risca (a)	stripe	raya	Streifen	rayure	streep
riscar	to scratch, cross-out	rascar	kratzen / ausstreichen	barrer / rayer	schrappen
romântico	romantic	romántico	romantisch	romantique	romantisch
roupa (a)	clothes	ropa	Kleidung	vêtement	kleren
roupa interior (a)	underwear	ropa interior	Unterwäsche	sous-vêtement	onderbroek
rua (a)	street / road	calle	Straße	rue	straat / weg
rústico	rustic	rústico	landlich	rustique	landelijk
sã	*healthy*	*sano*	*gesund*	*sain*	*gezond*
sábado (o)	Saturday	sábado	Samstag	samedi	zaterdag
sabedor	informed	conocedor / bien informado	gelehrt / informiert	cultivé	geleerd
saber	to know	saber	wissen / können	savoir	weten / kennen
saia (a)	skirt	falda	Rock	jupe	rok
sair	to go out	salir	ausgehen	sortir	uitgaan
sala de jantar (a)	living room	sala de estar	Wohnzimmer	salle à manger	woonkamer
salada (a)	salad	ensalada	Salat	salade	salade
sandália (a)	sandal	sandalia	Sandale	sandale	sandaal
sandes (a)	sandwich	sandwich	Sandwich / Butterbrot	sandwich	boterham
santuário (o)	sanctuary	santuario	Altarraum / Zuflucht	sanctuaire	heiligdom
São Tomé e Príncipe	St. Tomé e Príncipe	Santo Tomé y Príncipe	Sankt Tomé	Saint-Tomé	St. Tomé e Príncipe
são-tomense	native of São Tomé	natural de Tomé	Einwohner von Sankt Tomé	citoyen de Saint-Tomé	burger van São Santo Tomé
sapato (o)	shoe	zapato	Schuh	chaussure	schoen
sardinha (a)	sardine	sardina	Sardine	sardine	sardine
saudável	healthy	sano, saludable	gesund	sain	gezond
saúde (a)	health	salud	Gesundheit	santé	gezondheid
século (o)	century	siglo	Jahrhundert	siècle	eeuw
seda (a)	silk	seda	Seide	soie	zijde

PORTUGUÊS	ENGLISH	ESPAÑOL	DEUTSCH	FRANÇAIS	NEDERLANDS
seguida / em	rightaway	enseguida	sofort	tout de suite	onmiddellijk
seguir	to follow	seguir	folgen	suivre	volgen
segunda-feira (a)	Monday	lunes	Montag	lundi	maandag
segundo (2º)	second	segundo	zweite	second	tweede
semana (a)	week	semana	Woche	semaine	week
semanal	weekly	semanal	wöchentlich	hebdomadaire	wekelijks
semelhança (a)	similarity	semejanza	Ähnlichkeit	ressemblance	overeenkomst
sempre	always	siempre	immer	toujours	altijd
senão	if not	si no	wenn nicht	sinon	anders
Senhor,o / Senhora,a	Mr / Mrs / Ms	Señor / Señora	Herr / Frau	monsieur / madame	meneer / mevrouw
sentado (estar)	to be sitting	estar sentado	sitzen	assis	zitten
sentir-se	to feel	sentirse	sich fühlen	se sentir	voelen
ser	to be	ser	sein	être	zijn
ser de	to be from	ser de	kommen aus	être de / venir de	vandaan komen
sessão (a)	programme	sesión, programa	Programm	programme	programma
seu (dele) / sua (dela)	his / her/ its / your / hers /yours	su / suyo	sein / ihr / Ihr	son / sa	(van) haar / (van) hem
severo	strict	severo, estricto	streng	sévère	streng
sexo (o)	gender	sexo	Geschlecht	sexe /genre	geslacht
sexta-feira (a)	Friday	viernes	Freitag	vendredi	vrijdag
sim	yes	sí	ja	oui	ja
simpático	nice / kind / friendly	simpático	nett / freundlich	sympathique	aardig / vriendelijk
sina (a)	destiny	destino	Schicksal	destin	lot
singular (o)	singular	singular	Singular / Einzahl	singulier	enkelvoudig
só	only	solo	nur	seulement	alleen
sobremesa (a)	dessert	postre	Nachspeise	dessert	nagerecht
sócio (o)	member	socio	Mitglied	associé	lid
sogra (a)	mother-in-law	suegra	Schwiegermutter	belle-mère	schoonmoeder
sol (o)	sun	sol	Sonne	soleil	zon
soma (a)	sum	suma	Summe	somme	bedrag
sopa (a)	soup	sopa	Suppe	soupe	soep
sorte (a)	luck	suerte	Glück	chance	geluk
sozinho	alone	solo	allein	seul	alleen
subir	to go up	subir	steigen	monter	naar boven gaan
sugerir	to suggest	sugerir	vorschlagen	suggérer	voorstellen
supermercado (o)	supermarket	supermercado	Supermarkt	supermarché	supermarkt
tabaco (o)	tobacco	tabaco	Tabak	tabac	tabak
taberna (a)	tavern	bar / taberna	Kneipe / Taverne	bistrot	kroeg
taça (a)	glass / cup	taza	Glas / Schale	coupe / tasse	glas / kop
talheres (os)	cutlery	cubertería	Besteck	couverts	bestek
talho (o)	butcher's	carnicería	Metzger / Fleischer	boucherie	slager
tamanho (o)	size	tamaño	Größe	taille	maat
também	also / too	también	auch	aussi	ook
tão	so	tan	so	si	als
tarde	late	tarde	verspätet / spät	tard	laat
tarde (a)	afternoon	tarde	Nachmittag	l'après-midi	namiddag
tartaruga (a)	turtle	tortuga	Schildkröte	tortue	schildpad
teatro (o)	theater	teatro	Theater	théâtre	theater
telefonar a / para	to telephone / to call	llamar / telefonear	anrufen	téléphoner	telefoneren
telefonema (o)	phone call	llamada (telefónica)	(Telefon)anruf	coup de téléphone	telefoongesprek
telenovela (a)	soap opera	telenovela	Seifenoper	feuilleton télévisé	soap serie
televisão (a)	television	televisión	Fernsehen	télévision	televisie
televisor (o)	TV set	televisor	Fernseher	téléviseur	televisietoestel
temperamento (o)	temperament	temperamento	Temperament	tempérament	temperament
tempero (o)	seasoning	condimento	Gewürz	assaisonnement	kruiderij
tempestade (a)	storm	tormenta	Sturm	tempête	storm
tempo (o)	weather / time	tiempo	Wetter / Zeit	temps	weer / tijd
tempo livre (o)	spare time	tiempo libre	Freizeit	loisirs	vrije tijd
ténis (o)	tennis	tenis	Tennis	tennis	tennis
ténis (os)	trainers	zapatillas de deporte	Turnschuh	tennis	gympen
tenro	soft	tierno	weich	tendre	zacht

177

PORTUGUÊS	ENGLISH	ESPAÑOL	DEUTSCH	FRANÇAIS	NEDERLANDS
ter	to have	tener	haben	avoir	hebben
ter de	to have to	tener que	müssen	devoir	moeten
ter saudades de	to long for / to miss	echar de menos	sich sehnen / vermissen	manquer	missen
terceiro (3º)	third	tercero	dritte / dritter	troisième	derde
terminar	to end	terminar	beenden	terminer	eindigen
terreno (o)	land	terreno	Land	terrain	land / terrein
teu / tua	your / yours	tu / el tuyo / la tuya	dein / deine / deines	ton / ta	jouw / je
ti	you (sing)	tú / ti	dich / dir	toi	jij
tia (a)	aunt	tía	Tante	tante	tante
tímido	shy	tímido	schüchtern	timide	verlegen
tio (o)	uncle	tío	Onkel	oncle	oom
título (o)	title	título	Titel	titre	titel
todo / toda	all / whole	todo / toda	alle / ganz	tout / toute	alles / heel
tomar	to take / to have (meals)	tomar	nehmen / zu sich nehmen	prendre	nemen / hebben
tomate (o)	tomato	tomate	Tomate	tomate	tomaat
topo	top	cumbre	oben	sommet	top
tornar-se	to become	volverse / convertirse en	werden	devenir	worden
torrada (a)	toast	tostada	Toastbrot	toast	geroosterd brood
tossir	to cough	toser	husten	tousser	hoesten
touro (o)	bull	toro	Stier / Bulle	taureau	stier
trabalho (o)	work	trabajo	Arbeit	travail	werk
tradicional	traditional	tradicional	traditionell	traditionnel	traditioneel
transcrever	to transcribe	escribir de nuevo	abschreiben / übertragen	réécrire	herschrijven
transeunte (o)	passer-by	transeúnte	Passant	passant	voorbijganger
transmitir	to broadcast	transmitir	senden	transmettre / émettre	uitzenden
transporte, meio de (o)	means of transport	transporte (medio de)	Transportmittel	moyen de transport	vervoermiddel
trapezista (o)	trapeze artist	trapecista	Trapezkünstler	trapéziste	trapèze-artiest
tratar	to try	cuidar	versuchen	traiter / soigner	verzorgen
trazer	to bring	traer	bringen	amener / apporter	brengen
triste	unhappy	triste	unglücklich	triste	ongelukkig
trocar	to change	cambiar	wechseln	échanger	ruilen
trovoada (a)	thunderstorm	tormenta	Gewitter	orage	onweer
tu	you	tú	du	tu	jij
turístico	touristic	turístico	touristisch	touristique	toeristisch
turma (a)	class	clase	Klasse	classe	klas
ultimamente	**lately**	**últimamente**	**in letzter Zeit**	**dernièrement**	**de laatste tijd**
último	last	último	letzte / letzter	dernier	laatste
universidade (a)	university	universidad	Universität	université	universiteit
uva (a)	grape	uva	Traube	raisin	druiven
vaca (a)	**cow**	**vaca**	**Kuh**	**vache**	**koe**
vaga	wave	ola	Welle	vague	golf
valiosa	valuable	valioso	wertvoll	précieuse / coûteuse	kostbaar
valioso	valuable	valioso	wertvoll	précieux	waardevol
varanda (a)	balcony	terraza / balcón	Balkon	balcon	balkon
vários	several	varios	einige	plusieurs	enige
vegetariano (o)	vegetarian	vegetariano	Vegetarier	végétarien	vegetariër
vela (a)	sailing	vela	Segeln	voile	zeilen
velho	old	viejo	alt	vieux	oud
veloz	quick / rapide	rápido/veloz	schnell	rapide	snel
vendedeira / vendedora (a)	sales assistant	dependienta	Verkäufer	vendeuse	verkoopster
vender	to sell	vender	verkaufen	vendre	verkopen
vento (o)	wind	viento	Wind	vent	wind
ver	to see	ver	sehen	voir	zien
verde	green	verde	grün	vert	groen
vermelho / encarnado	red	rojo	rot	rouge	rood
véspera de Natal (a)	Christmas Eve	Nochebuena	Weihnachten	la veille de Noël	kerstavond

PORTUGUÊS	ENGLISH	ESPAÑOL	DEUTSCH	FRANÇAIS	NEDERLANDS
vespertino (o)	evening paper	vespertino	Abendzeitung	journal du soir	avondkrant
vestido (o)	dress	vestido	Kleid	robe	kleed
vestir	to wear / to put on	llevar / vestir	tragen / anziehen	habiller	dragen / aan doen
vestuário (o)	clothing	ropa / vestuario	Kleidung	vêtement	kleding
viagem (a)	voyage	viaje	Reise	voyage	reis
viajar	to travel	viajar	reisen	voyager	reizen
vidente	clairvoyante, fortune-teller	adivina/vidente	seher	voyante	waarzegster
vinagre (o)	vinegar	vinagre	Essig	vinaigre	azijn
vinho (o)	wine	vino	Wein	vin	wijn
vinho do Porto (o)	port wine	vino de Oporto	Portwein	porto	portwijn
vinte	twenty	veinte	zwanzig	vingt	twintig
vir	to come	venir	kommen	venir	komen
visita (a)	visit	visita	Besuch	visite	bezoek
visitar	to visit	visitar	besuchen	rendre visite	bezoeken
vitela (a)	veal	vitela	Kalbfleisch	veau	kalfsvlees
viver	to live	vivir	leben	vivre	leven
você	you (formal)	usted	Sie	vous	u
voltar	to return / to come back	volver	zurückkommen	retourner	terugkomen
voo (o)	flight	vuelo	Flug	vol	vlucht
vos	to / for you	para/a usted	euch	pour vous	voor / aan jullie
zangado	angry	enfadado	ärgerlich	fâché	kwaad
zona (a)	area / district	zona	Zone	zone	zone

AGRADECIMENTOS

FOTOGRAFIAS